Mondialisation à la dérive.
Europe sans boussole

Mondialisation à la dérive.
Europe sans boussole

Jean-Marc Siroën

Les idiots ignorent la complexité.
Les pragmatiques en souffrent.
Certains parviennent à l'éviter.
Les génies la suppriment.

ALAN J. PERLIS,
EPIGRAMS ON PROGRAMMING

Table des matières

Préface

L'économie mondiale est entrée dans un nouveau cycle dont personne ne peut anticiper l'aboutissement. La grande récession de 2008 en fut le déclencheur, mais aussi la conséquence d'une mondialisation tout azimut qu'aucun pays, aucune institution, aucun marché n'était en mesure de maitriser.

Le monde ne pouvait pas oublier des fêlures qui deviendraient des fractures. Les attentats du 11 septembre 2001 dévoilaient les faiblesses de l'hyperpuissance américaine qui venait pourtant de gagner une guerre, miraculeusement restée « froide » et qui la laissait sans rivale. Rallié aux valeurs des démocraties libérales, le monde confiant dans les mécanismes régulateurs du marché et dans les vertus d'une mondialisation « heureuse » se dirigerait vers une « fin de l'histoire » apaisée.

La République populaire de Chine, après avoir été reconnue à l'ONU, finit par être admise à l'OMC. À force de grignoter d'année en année une nouvelle part du commerce international, elle finit par conquérir la première place. Sa croissance très gourmande en matières premières a entretenu une hausse inédite du prix des produits agricoles, miniers et énergétiques. Les pays en développement exportateurs pouvaient enfin réduire leur pauvreté et s'affranchir d'une dette que ni les puissances industrielles, ni le FMI n'étaient parvenus à traiter. Même les pays industriels y trouvèrent leur compte car cette prospérité inespérée du Sud leur ouvrait de nouveaux marchés et contribuait ainsi à relancer leur croissance et réduire leur chômage.

Pourtant, le Monde commence à dérailler. Les grandes puissances régionales contestent l'hyperpuissance. Ses alliés européens se divisent sur l'opportunité d'une intervention en Irak qui se révèlera vite désastreuse. Les grandes négociations internationales, sur le climat ou sur le commerce, patinent. Et si les marchés n'ont pas su prévenir la crise bancaire de 2007 et l'année suivante, l'effondrement du système financier, c'est en s'affranchissant de sa *doxa* que les dirigeants, mieux avisés que leurs

1

prédécesseurs, éviteront le pire. Ils accepteront des déficits budgétaires abyssaux et des nationalisations, il est vrai transitoires. Ils s'accommoderont d'une création monétaire illimitée et d'un quadruplement du bilan de leurs banques centrales. Il faudra attendre dix ans pour que les Etats-Unis retrouvent, non sans inquiétude, une politique monétaire que les économistes s'autoriseraient à qualifier de « normale ».

En 9 mois, de juillet 2008 à mars 2009, les exportations chutent de 40%, plus que lors des 9 mois qui suivirent le krach historique de 1929. Grâce aux thérapeutiques « non conventionnelles » appliquées par les gouvernements et les banques centrales qui n'avaient pas d'autres choix, l'effondrement durera pourtant moins longtemps. Si le commerce retrouve assez vite ses valeurs d'avant la crise, il ne parvient pas à rejoindre sa tendance de long-terme, ces soixante années d'après-guerre où le commerce international avait toujours augmenté beaucoup plus vite que la production.

La grande récession de 2008, maquillée par les interventions massives des États et le soutien indéfectible des banques centrales, n'a pas provoqué le même repli sur soi que la grande dépression de 1929. Le monde n'a pas eu à affronter la vague protectionniste que les dirigeants et les institutions internationales redoutaient tant. Du moins, jusqu'à l'élection de Donald Trump…

Le populisme se caractérise par le rejet des élites dirigeantes et du « système ». Il s'accommode des discours démagogiques. Il ne voit dans la complexité du Monde qu'un artefact destiné à endormir les peuples pour mieux les duper. Il se décharge de ses frustrations sur des boucs émissaires plus ou moins bien choisis, avec des récriminations qui sans toujours être sans fondements, deviennent l'explication simple et fallacieuse d'un Monde anxiogène. La dénonciation l'emporte sur la proposition. Le populisme doit trouver dans les rumeurs et les fausses informations, les arguments qui accusent et font peur. Il devient vite un nationalisme, souvent teinté de xénophobie tellement il est facile et rassurant de rejeter sur l'étranger la responsabilité de ses malheurs. Et il est vrai que la Mondialisation multiplie à l'infini le nombre d'interactions qui lui font perdre son intelligibilité. Il est beaucoup plus simple de raisonner sur une nation fermée que sur un monde ouvert. La tentation du repli nationaliste c'est aussi une tentative pathétique de simplifier les choses.

Plus le Monde perd ses repères, plus le populisme prospère. Les insectes ne dévorent que les bois malades. Le populisme n'est pas nouveau, car le Monde est souvent souffreteux. On le retrouve aujourd'hui aux Etats-Unis, en Amérique latine, aux Philippines, en Turquie, en Russie, au Brésil. La France n'y échappe pas. Il s'alimente ici du déclassement de la classe ouvrière et des classes moyennes, là de l'insécurité et de la corruption, ailleurs de l'afflux de réfugiés, de la nostalgie d'un passé plus glorieux ou de la sacralisation d'une souveraineté trop récente pour ne pas être vulnérable. Mais pourquoi en Europe, qui fut, dans son histoire récente, la première victime des nationalismes et de la xénophobie et qui avait si bien su surmonter ses haines, ses remords, ses déchirures ?

La mondialisation est un bouc émissaire d'autant plus tentant que ses contours sont flous et, en même temps, unificateur. D'ailleurs, les altermondialistes des années 1990 et 2000, qui contesteraient l'étiquette de « populistes », n'avaient pas attendu le déferlement de ces dernières années pour la mettre en cause la mondialisation. Une dénonciation de la mondialisation financière d'abord avec l'exigence d'une taxe sur les transactions, puis, de plus en plus systématiquement, une dénonciation de la mondialisation commerciale qui avait atteint son apogée lors des émeutes de Seattle en 1999 contre le monstre OMC (Organisation Mondiale du Commerce), livré, disait-on, au capitalisme mondial, aux firmes multinationales et à l'impérialisme américain, en oubliant qu'elle incarnait aussi un multilatéralisme que les altermondialistes d'hier pourraient regretter aujourd'hui.

Les flux migratoires et les flux commerciaux sont deux formes physiques de la mondialisation alors que, quant à elle, la mondialisation financière reste abstraite et virtuelle. On sait que son iPhone est assemblé en Chine puisque c'est indiqué au dos de l'appareil. On comprend alors immédiatement quel impact l'importation pourrait avoir sur l'emploi même si, en réalité, l'assemblage chinois ne contribue que pour une part infime à la valeur de l'appareil. Mais qui peut savoir dans quel circuit financier mondial le dépôt fait le matin à sa banque se retrouvera l'après-midi ?

3

Le livre proposé traitera principalement du commerce international. C'est le domaine, régalien de surcroît, où l'Europe est la plus intégrée. C'est même le cœur et l'origine du projet européen quand fut abandonné en 1954 le projet de défense commune. Ces dernières années, quand les altermondialistes s'opposaient aux grands traités commerciaux, les populistes préféraient dénoncer les abandons de souveraineté impliqués par la mondialisation des échanges. L'attaque était d'autant plus stratégique, qu'elle visait directement l'Union européenne qui jouit d'une compétence exclusive en matière de politique commerciale. Retrouver sa liberté de fixer les droits de douane et de négocier des traités commerciaux fut un des arguments majeurs des partisans du Brexit. Ce fut aussi la principale difficulté de Theresa May qui comprit tardivement que cette souveraineté retrouvée l'éloignerait du marché européen sans pour autant la rapprocher des marchés mondiaux. C'est aussi dans les relations commerciales que le populisme de combat du Président Donald Trump a trouvé ses batailles.

Si la mondialisation n'est pas apparue avec l'émergence de la Chine, elle s'est profondément transformée avec la participation du Sud à des réseaux d'échange d'autant plus indéchiffrables que les statistiques ne parviennent plus à les appréhender. La mondialisation des chaînes de valeurs, dont les économistes et les organisations internationales n'ont pris conscience que tardivement, conduit à remettre en cause des certitudes bien ancrées, moins d'ailleurs sur les gains de l'échange que sur leur partage.

La réalité d'aujourd'hui trouve ses racines dans l'histoire. Le multilatéralisme d'après-guerre, fondé sur une hégémonie américaine bienveillante et un libéralisme régulé, s'est progressivement érodé. Donald Trump renoue aujourd'hui avec la tradition isolationniste et protectionniste de son pays quand les « Brexiters » affichent leur nostalgie de l'Empire. Une large part de l'Europe et de son voisinage n'oublie pas les humiliations des traités de Versailles, de Trianon, de Sèvres alors que d'autres n'ont retrouvé que bien plus tard l'indépendance qui leur avait alors été alors reconnue (ex-Tchécoslovaquie, Pays baltes).

L'Europe n'a pas été fondée pour défendre le multilatéralisme et le libre-échange, mais pour consolider son économie et rendre les guerres improbables sinon impossibles. Le Traité de Rome de 1957 va non seulement libérer le commerce entre les pays membres mais transférer au niveau européen ses compétences commerciales. L'Europe devient ainsi pour quelque temps la première puissance commerciale, et même si elle se dispute souvent avec le leadeur historique, les Etats-Unis, elle en vient à défendre un multilatéralisme que les deux puissances commerciales historiques ne parviendront bientôt plus à verrouiller de concert.

Il est vrai que les Etats-Unis, comme l'Europe, s'autorisent quelques libertés avec les règles du multilatéralisme consignées dans les accords du GATT[1]. L'ordre commercial d'après-guerre s'affaiblit. La création de l'Organisation Mondiale du Commerce (OMC) en 1995 le fait pourtant revivre quelque temps. S'il n'avance plus dans les négociations, il se renforce en réglant les différends entre pays.

Le Monde a alors besoin d'une alternative qu'il trouve dans des traités commerciaux dits bilatéraux. Ils prolifèrent, passent parfois inaperçus, mais déclenchent souvent de vives oppositions. Mais quelles que soient leurs vices et leur vertu, leur intérêt économique est discutable surtout lorsqu'ils concernent des pays déjà largement ouverts. Loin de libéraliser le commerce, les « règles d'origine » des traités de libre-échange remplacent les droits de douane explicites par des tarifs implicites et créent ainsi un bruit politique que les gains économiques, inégalement partagés, ne parviennent pas à assourdir.

Les « méga- » accords commerciaux -le traité transpacifique, le traité transatlantique- qui devaient rétablir le leadership occidental dans la définition de nouvelles règles commerciales, ont lamentablement échoué. Le Brexit affaiblit même marginalement, le statut de grande puissance commerciale dont bénéficie l'Europe. Et la guerre commerciale lancée par l'Amérique de Donald Trump pourrait achever de miner un ordre multilatéral affaibli.

Une opinion facile semble aujourd'hui acquise : la mondialisation et, en premier lieu, la mondialisation commerciale, crée des inégalités qui seraient le terreau des populismes. Des économistes ou des brasseurs d'idées en viennent même à brûler les idoles qu'ils avaient autrefois imprudemment adorées. Certes l'ouverture du commerce aux pays à bas salaires pèse sur le travail peu qualifié et favorise les plus qualifiés. Mais à lui seul, cet effet ne peut expliquer la spectaculaire montée des inégalités de revenus et moins encore l'extraordinaire croissance des inégalités de patrimoine. Les causes sont plutôt à rechercher du côté des crises financières à répétition, des transitions technologiques et digitales (et déjà environnementales), de la concurrence fiscale. Il n'est pas acquis non plus que ces inégalités croissantes, critiquables et condamnables par ailleurs, alimentent tous les populismes et tout particulièrement les populismes européens. L'Europe est en effet une des régions du monde la moins inégalitaire et au sein de l'Europe, les pays les plus touchés par la vague populiste sont souvent les moins inégalitaires. Car le peuple se compare avec ses proches et ses voisins avant de se comparer aux classes supérieures de toute façon inaccessibles. Et ce sont les frustrations qui en découlent qui ont, bien davantage que la mondialisation, alimenté le mouvement des gilets jaunes en France.

Le livre parle de l'Europe dans la mondialisation commerciale. Il rappelle son histoire, retrace ses évolutions et le long processus d'intégration dans la Communauté Économique Européenne, devenue Union Européenne. Il déplore le déclin du multilatéralisme et son incapacité à s'adapter aux nouvelles réalités du « nouveau monde ». Il constate l'explosion des accords commerciaux qui s'en affranchissent sans apparaître comme une alternative durable au multilatéralisme. Enfin, il apprécie la part de responsabilité de l'ouverture commerciale aux tentations populistes qui n'ont pas épargné l'Europe.

1. Petite histoire de la mondialisation

La mondialisation est un concept flou qui ne définit rien de précis. Elle peut donc porter la responsabilité de tout, du meilleur pour les uns, du pire pour les autres.

La mondialisation est une réalité perçue, qu'on peine à caractériser et même à quantifier. Tel jour la mondialisation signifiera l'expansion du commerce international pour devenir le lendemain la circulation déraisonnable du capital financier, et puis, viendront l'immigration, l'évasion fiscale, l'uberisation de la société, l'américanisation de la culture, l'hégémonie du « globish », l'universalisation et l'extra-territorialité du droit, la saturation des lignes aériennes et tant de choses encore...

La mondialisation est un processus long et discontinu. Elle a commencé avec l'apparition de l'homme. Deux jambes suffisent pour se déplacer sur de longues distances même si la durée des voyages ne se compte pas en heures, ni même en jours mais en années voire en générations. Dès la préhistoire et l'antiquité, l'éloignement n'empêche pas les déplacements.

Le Monde n'en est donc aujourd'hui ni à la seconde ni à la troisième mondialisation identifiée par les historiens, mais à sa nième dont certains prévoient, d'ailleurs, l'achèvement. Nous laisserons aux spécialistes le soin de raconter les plus anciennes et aux archéologues d'en dévoiler les mystères.

Ce que les historiens appellent l'époque moderne débute au XV° siècle, au choix 1453 (chute de Constantinople) ou 1492 (découverte de l'Amérique et reprise de Grenade par Isabelle la Catholique). Les Européens christianisés veulent découvrir le Monde pour mieux le conquérir. C'est une mondialisation contradictoire. Quand l'Europe se dilate au-delà des océans, les territoires se replient sur eux-mêmes. Ils deviennent des États, avant même de devenir des nations. Auparavant le Pape exerçait une autorité suprême. Il disait le droit -le droit canon-, imposait la langue administrative -le latin-, réglementait les guerres, traçait des frontières et partageait le Monde[2], annulait les mariages, décrétait les croisades. Chef spirituel, moral et politique, il unifiait l'Europe. Certes, au XVI° siècle, la papauté entend profiter des grandes découvertes pour étendre sa domination spirituelle et le Monde nouveau se couvre de missions. Mais le schisme protestant d'une part et le gallicanisme français d'autre part remettent en cause l'autorité de Rome. La mondialisation n'est alors plus une affaire européenne et catholique. Elle est espagnole, portugaise, hollandaise, anglaise ou française. Elle est catholique, calviniste, luthérienne ou anglicane. Elle ne véhicule pas le latin, mais l'espagnol, le français, le portugais, l'anglais, le néerlandais. Elle conserve néanmoins un attribut commun : la monnaie. Car si les Princes ou les riches marchands narcissiques peuvent se faire représenter sur les pièces d'or et d'argent, le métal se fond et se transforme pour faire apparaître à la demande de nouvelles figures.

Malgré cet acquis, les économistes, qui ne sont pas toujours de très bons historiens, font débuter la première mondialisation au milieu du XIX° siècle. C'est une mondialisation hégémonique et, de ce point de vue, moderne.

La mondialisation anglaise. Un libéralisme de façade

Si l'Angleterre commence à libéraliser son commerce dès 1815, l'abolition des *corn laws* de 1846 donne la date de référence de l'adhésion de la Grande-Bretagne au libre-échange. Les industriels ont fini par l'emporter sur les propriétaires terriens. Il s'agit moins de révéler les avantages comparatifs de la Grande-Bretagne selon les principes théorisés par David Ricardo, que d'abaisser le prix des biens agricoles. Dans le cas de l'Angleterre mal dotée en terre et en climat, et dominante dans l'industrie, les deux logiques s'ajustent très opportunément. L'abolition des *corn laws* accélère l'exode rural et fournit à l'industrie la main d'œuvre dont elle a besoin. Puisque le salaire tend à se fixer au niveau de subsistance et que les besoins ouvriers sont essentiellement d'origine agricoles, l'ouverture commerciale permettra de nourrir et d'habiller les ouvriers à meilleur prix et donc d'abaisser le coût du travail. Le libre-échange revient alors à transférer une partie de la rente des propriétaires fonciers aux capitalistes industriels, souvent en monopole sur les marchés internationaux. Les ouvriers bénéficient de ce transfert car leur pouvoir d'achat, quoique misérable, s'améliore néanmoins.

Le sacrifice des propriétaires terriens est donc un choix politique fondé sur la certitude que l'industrie anglaise dominerait le Monde. La mondialisation du XIX° repose sur ce postulat.

Lorsque l'Angleterre abaisse ses tarifs elle n'impose pas aux autres de les imiter. La réciprocité n'est inscrite sur aucune table de lois. Néanmoins, ce libre-échange unilatéral est relatif car les relations commerciales sont fondées sur un réseau de traités bilatéraux assortis d'une « clause de la nation la plus favorisée » : le pays avec lequel un accord est signé bénéficiera automatiquement des mesures les plus favorables consenties aux autres partenaires et réciproquement. Le Traité franco-anglais de 1860, négocié avec le théoricien britannique du libre-échange, Richard Cobden, est l'acte emblématique de cette forme de libéralisation. L'hégémonie britannique, qui est aussi monétaire, propage ainsi le libre-échange sans qu'aucune organisation internationale ne vienne la coiffer. Cette période correspond à une forte croissance du commerce international : un quadruplement environ entre 1870 et 1913 et un triplement de la production pour les 11 principaux pays[3].

Mais la mondialisation a-t-elle vraiment besoin du libre-échange pour s'épanouir ? Conséquence de la domination anglaise, les industriels de nombreux pays craignent trop la concurrence du Royaume Uni pour réduire leurs droits de douane.

Si l'Allemagne prépare son unification en établissant une zone de libre-échange entre les États germaniques (*Zollverein*) elle trouve chez Friedrich List (1789-1846) des arguments en faveur de la protection des industries « naissantes ». Celles-ci doivent être abritées de la concurrence anglaise avant d'être en mesure de prendre leur envol. D'ailleurs, les pays ruraux du continent ne récupèrent pas dans l'essor industriel les pertes subies dans l'agriculture. La grande dépression qui se propage dans les années 1870 est concomitante à l'« invasion » des produits céréaliers importés à bas prix d'Amérique ou de Russie. La baisse des revenus agricoles provoque alors celle de la demande industrielle ce qui entretient la dépression. L'ouverture des marchés agricoles devient ainsi la responsable présumée de la crise. Dès la fin du siècle, les pays du continent européen s'engagent dans la voie d'une hausse tarifaire qui modère les importations. Les tarifs Méline (1892), qui visent d'abord à protéger les revenus agricoles, datent en France la fin d'un cycle de libéralisation finalement assez court. Politiquement, le libre-échange est d'ailleurs moins soutenu par les conservateurs que par la gauche. Les premiers flattent leur électorat rural alors que la baisse des prix agricoles favorise le pouvoir d'achat des ouvriers. Jean Jaurès qui refuse de choisir entre les uns et les autres choisit de contourner la question en proclamant à la Chambre des députés « *le socialisme...exclut à la fois la protection, qui ne peut guère profiter aujourd'hui qu'à la minorité des grands possédants, et le libre-échange, qui est la forme internationale de l'anarchie économique*"[4]. Mais le grand orateur ne donne pas de détails clairs sur l'alternative...

Lorsque la domination anglaise est remise en cause par la concurrence des pays émergents de l'époque (Allemagne, États-Unis) les responsables politiques sont bien soumis à des groupes de pression protectionnistes de plus en plus virulents (*Fair Trade League*, créée en 1881) qui demandent au gouvernement d'adopter des mesures de rétorsion. Mais le pays ne cède pas. Le Royaume-Uni apparaissait en 1914 comme le dernier bastion du libre-échange[5].

Pour les économistes, cette résurgence du protectionnisme à la fin du XIX° siècle aurait dû sinon stopper, du moins ralentir la mondialisation commerciale. Il n'en fut rien : la croissance économique rebondit en 1896. Les effets d'un protectionnisme qui n'implique pas la puissance dominante, le Royaume Uni, sont plus que compensés par la baisse des coûts de transport et l'expansion de la demande étrangère. Certains historiens, comme Bairoch ou O'Rourke[6] remarquent même que les pays protectionnistes (essentiellement l'Europe continentale et les États-Unis) ont connu des taux de croissance plus élevés, stimulant ainsi le commerce international. Cette phase d'expansion se prolonge et c'est une Europe prospère qui, en 1914, s'engage dans une guerre, plus absurde encore que toutes les autres, que nul n'avait vu venir et que personne ne saura empêcher.

L'idée selon laquelle l'Angleterre aurait choisi de laisser le libre-échange révéler les avantages comparatifs de chacun, associe vérités et contradictions. Au milieu du XVIII° siècle, le futur Tiers-Monde produisait les trois-quarts des biens industriels. L'Inde était le pays leader dans l'industrie du coton. Mais, à la fin du XIX° siècle, ce pays, devenu colonie anglaise, devra importer 70% de sa consommation. On trouve un constat similaire dans la sidérurgie et la construction navale, en Asie ou en Amérique latine[7]. Ces évolutions sont-elles la conséquence de la révélation des avantages comparatifs par la main invisible du marché ? Pas uniquement. Les Britanniques, et les autres puissances coloniales ont « forcé » la désindustrialisation des pays du Sud et la canonnière a souvent accompagné le transport maritime et fluvial. La mondialisation s'accommode sans gêne de politiques mercantilistes faites de soutiens à l'industrie, de conquêtes coloniales, d'ouverture agressive des marchés étrangers, comme la guerre de l'opium[8] qui asservit la Chine et nourrit dans ce pays une rancœur qui n'est pas éteinte. Car la domination britannique est bien une domination coloniale. Plus encore qu'autrefois, l'Empire de Charles Quint, le soleil ne se couche jamais sur celui de la reine Victoria.

La mondialisation ne se limite pas au commerce. Si le XVIII° siècle était marqué par le trafic des esclaves, le XIX° siècle reste, sous d'autres formes, un siècle de forte migration notamment des pays de la périphérie européenne (Irlande, Allemagne, pays scandinaves, Italie) ou de pays asiatiques (Chine, Japon, Inde) vers les États-Unis et le Nouveau Monde (Canada, Argentine, Brésil, Australie, Afrique du Sud). Les famines et, notamment, la grande famine irlandaise des années 1850, provoquent un exode massif d'un population pauvre et peu qualifiée. À côté, les mouvements migratoires d'aujourd'hui ne sont rien.

La démondialisation tragique : l'entre-deux-guerres.

Les origines de la première guerre mondiale restent inexpliquées, mais les causes économiques sont douteuses. En effet, l'Europe connait une phase d'expansion inédite où les velléités protectionnistes n'empêchent pas l'expansion du commerce.

La guerre se termine avec d'importantes conséquences pour les relations internationales qu'elles soient politiques ou économiques. Le Traité de Versailles (juin 1919) qui devait mettre en place un ordre mondial pacifique, finit par imposer à l'Allemagne des réparations financières intenables. Le futur « grand économiste du XXème siècle », John Maynard Keynes, qui subit le baptême du feu des négociations internationales, démissionnera de la délégation britannique[9] comme, d'ailleurs, de nombreux membres de la délégation américaine qui accompagnaient le Président Woodrow Wilson.

Le Traité de Versailles impose la dislocation des Empires vaincus pour mieux préserver celui des Empires vainqueurs. Il ampute l'Allemagne de territoires germanophones que plus tard Hitler s'empressera d'annexer. Simultanément, les Traités de Saint-Germain (avec l'Autriche) et du Trianon (avec la Hongrie) démembrent l'Empire austro-hongrois quitte à provoquer une contraction forte du commerce régional en Europe centrale. Le Traité de Sèvres achève de démanteler l'empire ottoman et le Traité de Neuilly met fin aux ambitions bulgares. Les pays alliés ne souhaitent pas favoriser la formation de zones commerciales régionales. Ils imposent la clause de la nation la plus favorisée à l'Allemagne et aux pays créés ou reconfigurés comme l'Autriche, la Tchécoslovaquie ou la Hongrie, ce qui empêche tout regroupement régional. Les yeux des grandes puissances européennes, la France et l'Angleterre, se portent d'ailleurs moins sur l'Europe que sur leur Empire, élargi par un Traité de Versailles qui reconnait pourtant le droit à l'autodétermination des peuples. La construction européenne attendra.

Le montant des réparations allemandes est définitivement fixé le 6 mai 1921 à 132 milliards de marks-or. Cette exigence contribue à la chute du mark. Le dollar s'échangeait contre 4 marks en 1914, 75 en juillet 1921, 186 en janvier 1922, 402 en juillet, 6 000 à la fin de l'année, 7 200 en janvier 1923, 160 000 en juillet, plus d'un million en août, 13 millions en septembre, 242 millions en octobre, 130 milliards en novembre, plus de 4 trillions en décembre. Cette hyperinflation ne sera vaincue que par la ruine des rentiers et des épargnants. Un siècle plus tard, la mémoire collective allemande restera encore traumatisée par ce tragique épisode historique où les prix et les salaires augmentaient plusieurs fois par jour. Beaucoup plus tard, la construction monétaire européenne n'en sera pas facilitée.

Un siècle après, l'Europe n'a toujours pas soldé les comptes de ce désastre. S'il n'explique évidemment pas tous les problèmes, il l'éclaire néanmoins : le populisme à l'Est, les guerres du Moyen-Orient ou la frilosité économique de l'Allemagne.

Si, comme le prévoyait Keynes, et quelques autres, le Traité de Versailles créait les conditions d'une nouvelle guerre, son ambition initiale était portant de construire la paix. La création de la Société des Nations (SDN), répondait à une initiative du président des États-Unis Thomas Woodrow Wilson qui, dans son message du 8 janvier 1918 sur la paix future, avait préconisé la création d'« *Une société générale des nations ayant pour objet de fournir des garanties réciproques d'indépendance politique et territoriale aux petits comme aux grands États* ». Un des 14 points évoqués était la généralisation du libre-échange.

En ne ratifiant pas le Traité de Versailles, les Etats-Unis, bien que parrains de la SDN, renonçaient à en être membres ce qui les empêchera de se poser en leadeur politique. L'universalisme utopique du Président Wilson se heurte en effet à l'isolationnisme de l'opinion américaine, contradiction qui puise son origine dans l'histoire et qui se poursuivra, jusqu'à aujourd'hui avec des formes et des intensités fluctuantes.

La SDN ne parviendra pas à sanctionner efficacement les États belliqueux (Italie, Allemagne, Japon, URSS). Elle souffrira à la fois de son insuffisante universalité (absence des Etats-Unis, retrait de l'Allemagne, participation de l'URSS de 1934 à 1939 seulement) et de son impotence. Elle ne peut prendre de décisions qu'à l'unanimité.

La Société des Nations a supervisé des Conférences à vocation économique. La Conférence de Gênes (1922) préconise un retour à l'étalon-or, mais sous une forme dénaturée qui est celle du *gold exchange standard*, où seules certaines monnaies sont convertibles en or. C'est dans ce cadre que la Grande-Bretagne rétablira l'étalon-or en 1925. La SDN ne parviendra pas à rétablir les mécanismes de libéralisation des échanges même si, à la suite de la Conférence économique internationale qu'elle organise en 1927, un certain nombre de pays abaisseront leurs tarifs. Elle n'empêchera pas non plus de prévenir l'escalade protectionniste.

Le krach de Wall Street du 24 octobre 1929 déclenche une chute des cours boursiers qui se poursuivra jusqu'en 1933. À partir de 1930, tous les pays et tous les secteurs sont entraînés dans un processus de déflation mondiale. Entre 1929 et 1932, le prix des biens chute de 48% dans le monde et la valeur du commerce international se contracte de 63%. Aux États-Unis, en 1933, le chômage touchera 24,9% de la population active. Le PNB (Produit National Brut) aura alors chuté de 22%.

Face à l'accélération des sorties de capitaux, et sous la menace d'un épuisement des réserves d'or, le gouvernement anglais met fin à la convertibilité-or de la livre en septembre 1931 et la monnaie, mise en flottement, renonce à sa parité avec l'or qui avait été fixée en 1717 par Isaac Newton, « maître de la monnaie », et qui n'avait pas changé depuis. La livre perd en trois mois un tiers de sa valeur vis-à-vis du dollar ou du franc.

Certains pays avaient précédé la Grande-Bretagne dans l'abandon de l'étalon-or (Australie, Brésil, Chili, Nouvelle-Zélande, Paraguay, Pérou, Uruguay, Venezuela). D'autres la suivront : les pays scandinaves, le Japon. Certains choisiront encore de défendre une monnaie surévaluée grâce, notamment, au contrôle des changes (Allemagne, Italie, Autriche, Hongrie, Canada) ou à des politiques déflationnistes et protectionnistes (France). Le dollar est dévalué en 1934 avec une nouvelle parité de 35 dollars l'once qu'il conservera jusqu'en 1971. Mais il ne retrouvera sa convertibilité que pour les opérations extérieures.

En 1929, le recul des importations américaines, directement lié à la chute de la production industrielle, amorce la spirale de contraction du commerce mondial. Les importations des États-Unis baissent alors plus vite que leurs exportations.

La montée du protectionnisme entretenue par les surenchères, dépasse tous les précédents historiques. L'Angleterre renie son libre-échange. Les restrictions quantitatives s'ajoutent aux tarifs qui doublent ou triplent.

La relation entre le protectionnisme et la crise peut être débattue. De fait, les Etats-Unis, à majorité républicaine et séduits par les sirènes isolationnistes, se préparaient depuis longtemps à augmenter les droits de douane. La loi Smoot Hawley adoptée par le Sénat en 1930 avait été votée par la Chambre des représentants cinq mois avant le krach d'octobre 1929. Cette antériorité ne signifie pourtant pas que le protectionnisme ait causé une crise qui était avant tout financière. La chute du commerce mondial des années 1930 est, en premier lieu, due à la dépression économique.

C'est donc sur une terre déjà bien labourée que l'ensemble des pays réagit à la dépression en adoptant des mesures protectionnistes qui, si elles ne créent pas la crise, contribuent à l'amplifier et à la diffuser. Mais les dévaluations compétitives ont sans doute été plus néfastes encore et c'est d'ailleurs ce que penseront les futurs négociateurs de Bretton Woods, l'Américain Harry Dexter White et l'Anglais John Maynard Keynes qui, quelques années plus tard, se retrouveront pour traiter de la reconstruction du système financier et monétaire avant même que d'autres qu'eux négocient les futures règles du commerce international.

Les politiques commerciales mises en œuvre ne se limitent pas aux droits de douane. Elles visent aussi à constituer des zones d'influence au profit des grandes puissances qui y trouveront les ressources et les débouchés dont elles ont besoin. Le protectionnisme impérial n'abandonne pas le libre-échange, mais le réserve aux pays réunis dans une même zone de « préférence commerciale » à laquelle se superpose souvent une zone monétaire qui pallie l'abandon de l'étalon-or et de la convertibilité.

Mais personne ne songe à faire de l'Europe une zone commerciale et monétaire. L'Europe se divise. Elle choisit une autre alternative et se mondialise à sa façon. La France se replie sur son Empire colonial en Afrique et en Asie. Le Royaume-Uni, plus ambitieux, prend l'initiative du traité d'Ottawa de 1932 qui institue des « préférences impériales » au sein du Commonwealth. Le Japon commence à conquérir en Asie sa sphère de coprospérité. L'Italie regarde vers la Lybie et l'Éthiopie. L'Allemagne, privée de ses colonies par le Traité de Versailles, veut conquérir à l'Est de l'Europe son « espace vital » (*Lebensraum*).

Les Etats-Unis, quant à eux, ne bénéficient que d'un espace colonial limité : Porto Rico, Philippines, …. Isolationnistes, ils n'ont pas non plus de visée expansionniste très structurée. Le *Reciprocal Trade Agreement Act* (RTAA) de 1934 permet certes à l'exécutif américain de négocier la baisse des tarifs douaniers, mais elle n'a qu'une portée limitée tant les opportunités sont rares, y compris dans son arrière-cour latino-américaine. Même la riche Argentine est quasi colonisée par l'Angleterre. L'administration Roosevelt, qui se met en place en 1933, en ressentira une profonde rancœur à l'encontre de l'Europe en général et de la Grande-Bretagne en particulier. Cette anglophobie, contribuera à repousser l'entrée en guerre des Etats-Unis et à conditionner le soutien financier américain à l'affaiblissement, voire à la disparition, des préférences impériales et de la zone sterling.

Il est impossible de dire jusqu'à quel point la fragmentation européenne a favorisé la guerre, mais il est certain qu'elle y a contribué. En tout cas, les Etats-Unis et, dans une moindre mesure, la Grande-Bretagne, feront de la mise en place d'un nouvel ordre économique « multilatéral » un acte pacificateur.

La mondialisation américaine : hégémonie et multilatéralisme

Pendant la grande dépression des années 1930 et plus encore, pendant la guerre, un consensus se dessine chez certains dirigeants politiques conseillés par des experts influents : la crise économique et le chômage ont créé les conditions de la guerre. En déqualifiant un certain système économique et politique, elle rendait les discours totalitaires d'autant plus attrayants qu'elle désignait des coupables. Il n'y aura alors pas de paix durable sans la reconstruction d'un ordre économique international qui assure la stabilité économique et le plein emploi tout en respectant les grandes valeurs libérales.

Les Keynes, Meade, Robbins, ou Robertson du côté anglais ou les White, Currie, Viner, Acheson du côté américain, seront d'autant plus sollicités qu'accaparés par la conduite de la guerre, les responsables politiques négligent l'après-guerre et laissent volontiers l'intendance aux experts.

Le nouvel ordre économique international reposera sur les convictions suivantes :

- L'explosion du chômage a été la cause principale de la montée du nazisme et donc de la seconde guerre mondiale. Si l'économie de guerre et la mobilisation permettent aux États-Unis et à la Grande-

Bretagne de connaître une certaine expansion, l'artifice risque de disparaître avec la paix.

- La crise de 1929 a marqué la faillite du « laissez-faire » économique qui confie au marché le soin d'assurer sa propre régulation. Chaque fois que nécessaire, les démocraties libérales feront appel à l'État et ne laisseront pas aux régimes totalitaires l'exclusivité de ces interventions.

- L'instabilité monétaire et le protectionnisme ont contribué à la guerre. À contrario, la stabilité monétaire et la libéralisation du commerce favoriseront une paix durable.

Mais ce consensus sur les principes, ne s'étend pas aux modalités de leur mise en œuvre. C'est à une véritable « bataille » que se livreront les deux alliés que sont les Etats-Unis, prêts à assumer le leadership, et le Royaume-Uni puissance qui ne se résigne pas à en être déchue.

Du 1er au 22 juillet 1944, une conférence monétaire et financière se tient à Bretton Woods dans le New Hampshire. Quarante-quatre pays, dont l'URSS, sont représentés.

Cette négociation conclut des réflexions, engagées au début des 1940, par des experts anglais et américains, notamment, par l'Américain Harry Dexter White, assistant du Secrétaire au Trésor Henry Morgenthau Jr et l'économiste anglais John Maynard Keynes. Le système de Bretton Woods répondait à une logique pragmatique très claire : sortir par le haut d'une période de cloisonnement des économies nationales qui allait jusqu'à l'autarcie. Pour relancer le commerce international, stimuler la croissance et empêcher le retour du chômage, il fallait revenir à la convertibilité des grandes monnaies et ne réserver les dévaluations qu'aux cas avérés de surévaluation.

Mais du point de vue américain, Bretton Woods poursuivait des objectifs moins officiels comme abattre l'Empire britannique en commençant par affaiblir la livre-sterling. Les Etats-Unis deviendraient alors les grands maîtres du système monétaire. White prône avec d'autant plus de conviction un système monétaire rivé à l'or, que les stocks de la « relique barbare » (Keynes) sont majoritairement détenus par son pays et qu'il ne reste plus rien en Angleterre. Il s'oppose ainsi à Lord Keynes qui voudrait démonétiser le métal et promouvoir un système de règlement qui ne reposerait sur aucune monnaie nationale -ni le dollar, ni la livre- mais sur un nouvel instrument monétaire dédié aux échanges internationaux, le *bancor*. Un système de compensation (*clearing*) permettrait d'ailleurs d'en limiter l'usage.

Mais le rapport de force est trop favorable aux Etats-Unis, qui seuls peuvent soutenir financièrement leurs alliés surendettés. Ils imposent un système fondé sur le dollar, convertible en or et dans les autres monnaies liées par un taux de change fixe mais ajustable en cas de nécessité.

Plus tard, l'économiste canadien Robert Mundell exposera son triangle d'incompatibilité : un système monétaire qui bénéficierait de changes fixes, de la liberté de circulation des capitaux tout en permettant à la politique monétaire de poursuivre des objectifs nationaux indépendants (stabilité des prix, croissance, plein emploi), ne serait pas soutenable. Il faut renoncer à un des trois ou les atténuer tous. L'ancien système d'étalon-or avait renoncé à l'indépendance de la politique monétaire. Le système de Bretton Woods imposera le contrôle des mouvements de capitaux. Ainsi, les politiques monétaires pourront lutter efficacement contre l'inflation et le chômage et le commerce international bénéficiera de taux de changes stables dans un système où la spirale des dévaluations compétitives serait brisée.

Le système gravitera autour d'une institution multilatérale, le Fonds Monétaire Internationale (FMI) dominé par les Etats-Unis et qui n'accordera de prêts aux pays en difficulté qu'à des conditions bien plus restrictives que celles voulues initialement par Keynes. Par ailleurs, la Banque Mondiale prêtera à plus long terme pour des projets de reconstruction et de développement.

Les accords de Bretton Woods, soutenus par le Trésor américain, seront ratifiés par le Congrès malgré le lobby des banquiers, violemment hostiles au projet. Déjà heurtés par les régulations (*Glass-Steagall Act* de 1933), le contrôle des mouvements financiers et la concurrence éventuelle du FMI et de la Banque Mondiale gênaient trop leurs placements à l'étranger.

Le FMI s'installe en mars 1946 et commence ses activités le 1° mars 1947 avec 39 membres. L'URSS, qui avait signé l'accord à Bretton Woods, pourtant très bien servie, par un White très « russophile »[10], renoncera finalement à le ratifier.

Keynes avait plaidé pour que le FMI soit doté de moyens importants qui auraient été redistribués aux pays contraints par une balance des paiements courants déficitaire, au premier rang desquels, à l'époque, l'Angleterre. White avait, au contraire, imposé une limitation stricte qui refusait au FMI les moyens de relancer l'économie mondiale. Il avait incontestablement sous-estimé l'état désastreux des économies européennes. La paix revenue, les rationnements mettront en effet plusieurs années avant de disparaître. Les populations ne risquaient-elles pas alors de se tourner vers l'héroïque Union soviétique qui leur promettait des lendemains plus enchanteurs ?

Le 5 juin 1947, dans un discours à Harvard, le secrétaire d'État George Marshall propose le plan qui portera son nom et qui vise à stabiliser la situation économique et politique de l'Europe. D'un point de vue économique, le Plan Marshall avait aussi pour stratégie de solvabiliser la demande européenne et asiatique afin de relancer le commerce international, c'est-à-dire les exportations américaines.

Le Plan Marshall s'inscrit dans le climat d'une guerre froide naissante qui oblige les pays à se déterminer. Il appuie la doctrine Truman, qui vise à « endiguer » le communisme mais rompt avec la doctrine Roosevelt - disparu en avril 1945- qui associait étroitement l'URSS à la reconstruction de Monde. En oubliant les erreurs du Traité de Versailles, Roosevelt avait ainsi soutenu le plan Morgenthau, dont White avait d'ailleurs été le principal concepteur, et qui visait à ruraliser l'Allemagne. Le Plan Marshall, proposé aux alliés comme aux vaincus, met donc définitivement fin à un projet qui commençait à être mis en œuvre. Le Plan est proposé, sans illusion, à tous les pays européens et donc à l'Union soviétique. Non seulement, ce pays refuse la proposition d'une aide américaine « impérialiste », mais elle contraint la Tchécoslovaquie et la Pologne à le rejeter. Le prétexte du Plan Marshall est utilisé pour affirmer le pouvoir exclusif du Parti Communiste dans ces pays (« coup de Prague » de 1948).

Le Plan Marshall ignore le FMI et la Banque Mondiale qui avaient pourtant été créés pour aider les pays européens à se reconstruire. Il dispose de moyens supérieurs et sa conditionnalité est d'une autre nature. Ce n'est pas le Trésor américain qui, comme pour le FMI et la Banque Mondiale, en porte la responsabilité mais le Département d'État, c'est-à-dire la diplomatie, qui avait été écarté de Bretton Woods. La conditionnalité est donc moins économique que politique. Le Plan Marshall aura deux effets sur l'Europe. D'une part, il accélère sa division en deux blocs et, d'autre part, il permet à l'Allemagne de l'Ouest, devenue Allemagne fédérale, de se réintroduire dans la communauté internationale et ainsi de rendre la réconciliation et l'intégration européenne envisageables.

Les Etats-Unis et, tout particulièrement, le Département d'État, promouvaient l'idée d'un libre-échange universel, indépendant des régimes économiques ou politiques. Son principe de non-discrimination donnerait à tous un égal accès aux marchés. En vérité, les Etats-Unis ne supportaient plus de voir leurs exportations se heurter aux murs des préférences plus ou moins coloniales et notamment aux Préférences impériales britanniques. Mais, à l'opposé, la Grande-Bretagne ne parvenait pas à concevoir un Monde qui dissoudrait son Empire.

Assez étrangement, la crise des années 1930 et la guerre avaient vu s'inverser les positions traditionnelles des uns et des autres : les Etats-Unis traditionnellement très sensibles aux sirènes protectionnistes, défendent maintenant un libre-échange rigide, voire doctrinaire, alors que le Royaume-Uni, historiquement attaché au libre-échange, souhaite multiplier les échappatoires en cas de crise de balance des paiements, de pratiques déloyales ou de menaces sur la production de branches menacées par les importations. De même, attachée à ses Préférences impériales, elle souhaiterait déroger aux principes de non-discrimination et, particulièrement au traitement de la nation la plus favorisée qui devrait régenter les relations commerciales entre les pays membres.

Autant l'accord de Bretton Woods maquille mal la défaite de la Grande-Bretagne, autant avec la Charte de la Havane, conclue en 1947 et la négociation du GATT les Etats-Unis cèdent largement aux exigences britanniques. La priorité a changé. Elle est maintenant de souder le camp occidental.

La Charte de la Havane, pendant commercial des accords de Bretton-Woods, devait non seulement imposer des disciplines en matière de commerce international, mais aussi des règles concernant le droit du travail, les pratiques commerciales restrictives, les investissements internationaux et les services. Elle prévoyait la création d'une nouvelle organisation dans le système des Nations Unies, l'Organisation internationale du commerce (OIC) qui complèterait le FMI et la Banque Mondiale.

En 1950, le gouvernement des États-Unis annonce pourtant qu'il ne demanderait pas au Congrès de ratifier le traité qui subira ainsi le même sort que le Traité de Versailles. Les Etats-Unis auraient fait des concessions exorbitantes aux Anglais pour parvenir à un texte à la fois trop libre-échangiste pour les uns et trop protectionniste pour les autres.

Toutefois, anticipant cette difficulté, le Département d'État avait simultanément négocié un accord commercial transitoire, le *General Agreement on Tariffs and Trade* (GATT), avec 23 pays[11]. Cet accord n'ayant pas le statut de Traité, n'avait pas à être ratifié par le Congrès. Il entre en vigueur en 1948.

Si le GATT comme, d'ailleurs, la plus ambitieuse Charte de la Havane, n'impose pas le libre-échange, il définit les règles et les procédures qui doivent permettre de s'en approcher. Avec le GATT, le principe du traitement de la nation la plus favorisée est appliqué à un niveau multilatéral et non bilatéral. En conséquence, les négociations tarifaires sont organisées à ce niveau, c'est-à-dire entre les États ou territoires membres. Du « Round » de Genève (1947) à celui d'Uruguay (1986-1993), clos par l'Accord de Marrakech (avril 1994) ce processus aura permis la spectaculaire diminution des tarifs douaniers du moins pour la plupart des produits et dans les principaux pays industriels.

La mondialisation post-hégémonique

Dans le système de Bretton Woods, aucune disposition, ne prévoit la régulation du flux de liquidités internationales c'est-à-dire du dollar américain. À la fin des années 1950, la relative pénurie de dollars devient surabondance. Le déficit de la balance des paiements américaine, le retour à la convertibilité des monnaies et la prospérité européenne provoquent un reflux des capitaux des États-Unis vers l'Europe. Les banques centrales interviennent et accumulent des dollars.

Pour aider les pays à monnaie faible (le Royaume-Uni, notamment) ou contenir le cours de l'or, des procédures nouvelles de coopération sont instituées. Les États-Unis adoptent des mesures qui visent à freiner l'exportation de capitaux conformément d'ailleurs, aux accords de Bretton Woods.

La surévaluation du dollar favorise pourtant les sorties et aggrave la situation de la balance des paiements des États-Unis. Le taux de couverture en or se réduit, minant ainsi le mythe du dollar « *aussi bon que l'or* ». En même temps, de nouvelles formes de marchés monétaires apparaissent, en partie pour détourner les réglementations qui limitent la mobilité des monnaies et des capitaux. Les marchés de l'eurodollar -dollars détenus par des non américains- contribuent à déstabiliser le système en amplifiant la surliquidité de l'économie mondiale. Les révisions de parité sont plus fréquentes, qu'elles aillent dans le sens de la dévaluation (Royaume-Uni, France) ou de la réévaluation (RFA, Pays-Bas, Suisse).

Ces crises font ressortir les vices de fabrication du système de Bretton Woods. Lorsqu'une monnaie nationale -le dollar- devient la seule monnaie internationale, les objectifs internes et externes du pays émetteur -les États-Unis- deviennent un jour ou l'autre nécessairement contradictoires. Comme l'expose le paradoxe attribué à l'économiste Robert Triffin, soit les États-Unis mènent une politique interne équilibrée, non inflationniste et qui préserve l'équilibre de la balance des paiements mais alors la création de dollars risque d'être insuffisante pour satisfaire les besoins nés des échanges internationaux. Soit les États-Unis fournissent le Monde en dollars par un déficit de leur balance courante ou en exportant des capitaux, mais cette création de monnaie internationale accroît le stock de réserves détenues par les banques centrales et la masse des eurodollars. Rien ne peut donc assurer l'équilibre du système qui, incapable de rester très longtemps sur le fil du rasoir, penche soit vers la déflation soit vers l'inflation.

La réforme du système monétaire international exige donc la création d'un nouvel instrument qui ne soit pas une monnaie nationale comme le dollar et qui puisse être émis, contrairement à l'or, en proportion des besoins nés du commerce et des règlements internationaux. C'est d'ailleurs, en moins radical, ce qu'avait en son temps proposé Keynes, mais en vain. La création de Droits de Tirages Spéciaux (DTS) est acquise à la conférence annuelle du FMI de Rio en 1967.

La première allocation de DTS a lieu en 1970 pour un montant de 10 milliards à la parité 1 DTS=1 dollar. Dans un contexte de surliquidité, cette initiative est incohérente avec la fonction même du nouvel instrument : les émissions doivent pallier la sous-liquidité de l'économie mondiale alors qu'à cette date, les maux viennent au contraire de la surliquidité. Le DTS vient bien trop tard…

L'émission de DTS ne règle donc rien. Au début du mois d'août 1971, l'or atteint le niveau record de 44 dollars l'once sur le marché libre alors que la parité de 1934, toujours en vigueur, était de 35 dollars. Le 15 août, le Président Nixon annonce la décision historique de suspendre la convertibilité du dollar en or à l'occasion d'un vaste programme économique de lutte contre l'inflation et le chômage. Il inclut la levée d'une taxe de 10% sur les importations, restituée aux exportations qui sont ainsi subventionnées.

L'accord de Washington du 18 décembre 1971 prévoit le réalignement général des parités. Pour la première fois depuis 1934 le dollar est dévalué (de 7,9%) par rapport à l'or (38 dollars l'once d'or). La taxe sur les importations est levée.

Le 12 février 1973 le dollar est à nouveau dévalué (42,22 dollars l'once). Au mois de mars, toutes les grandes monnaies deviennent flottantes. Le système de Bretton Woods s'effondre, cette fois, définitivement. Il n'aura été pleinement appliqué que pendant treize ans à peine, de 1959 –retour à la convertibilité des grandes monnaies- à août 1971.

Dans les statuts initiaux du FMI, définis à Bretton Woods, les États avaient pour obligation de contrôler les mouvements perturbateurs de capitaux qui auraient rendu insoutenable un système de change fixe. Cette exigence, s'est heurtée non seulement aux difficultés techniques dues à l'inefficacité des contrôles mais aussi à une forte pression des lobbies financiers en faveur de la libéralisation financière. La fin du système de Bretton Woods sera aussi la revanche de la Banque qui ne s'était, à vrai dire, jamais vraiment accommodée du système…

Le jugement que l'on peut porter sur le système de Bretton Woods doit être nuancé. Si ses objectifs initiaux apparaissent louables -créer un système monétaire international à la fois stable et favorable à la croissance économique-, les moyens ne permettaient pas de les atteindre. Le système de Bretton Woods aura certes accompagné une croissance économique forte et le développement des échanges internationaux, mais il n'aura pas su endiguer la résurgence de l'inflation, incompatible avec un système de changes fixes.

Depuis 1973 le système monétaire international n'est astreint à aucune règle et les pays disposent de la liberté d'adopter le régime de change de leur choix. Le FMI ne peut l'influencer que dans les pays qui, en situation de crise financière, sollicitent son intervention.

Ce renoncement au système de Bretton Woods s'inscrit aussi dans une phase de remise en cause par les États-Unis eux-mêmes de leur statut de « leadeur ». Cette volonté se retrouve en économie comme en politique (retrait du Vietnam, détente avec l'URSS et la Chine). Après la guerre, le progrès économique des pays européens et asiatiques était considéré comme le moyen le moins coûteux de garantir la sécurité des États-Unis. Au début des années 1970, ce rattrapage est perçu comme un défi, voire comme un danger, par l'opinion publique américaine. Il s'agit donc de redéfinir un « ordre » qui libère les États-Unis de leurs obligations les plus coûteuses. De fait, le passage à un dollar flottant leur permettra de mener des politiques économiques plus actives car libérées de leurs responsabilités en matière de change et d'équilibre (extérieur, budgétaire).

À Bretton Woods, Harry Dexter White avait pensé que la légitimité du dollar comme monnaie internationale reposerait sur sa convertibilité en or. Pourtant, lorsque le système s'effondre et que le dollar, détaché de l'or, devient instable, il n'abdique pas et conserve, jusqu'à aujourd'hui, son statut de monnaie internationale. Les autres monnaies restent marginales aussi bien dans les réserves des banques centrales, que dans les transactions commerciales ou financières ou dans les émissions de titres. Le système de paiement reste fondé sur un dollar quasiment incontournable.

La fin du système de Bretton Woods ouvre une nouvelle phase de la mondialisation qui est moins commerciale que financière. Entre la stabilité des taux de change et la libre circulation des capitaux, les Etats-Unis ont finalement choisi la seconde et les autres pays n'ont pas eu d'autre choix que de les suivre. La finance internationale pourra maintenant s'en donner à cœur joie !

L'abandon des changes fixes posait davantage de problèmes à l'Europe qu'aux Etats-Unis et au Japon. Qu'ils soient ou non membres de la Communauté européenne (neuf pays en 1973) les échanges commerciaux internes sont intenses et très sensibles au taux de change et la fin du système de Bretton Woods pose à nouveau la question des dévaluations compétitives. Le libre-échange et la Communauté européenne sont-ils soutenables dans un monde où les taux de change, et donc les prix, sont erratiques ? Certains pays européens décident donc de maintenir entre eux et avec le dollar, puis seulement entre eux, un système -le « serpent monétaire européen » (SME)- qui limite l'écart constaté entre la parité officielle (par exemple du franc par rapport au deutsche mark) et le cours effectif sur les marchés des changes. À partir de 1979, les parités se définiront par rapport à un panier de monnaies européennes -moyenne pondérée du cours de celles qui le compose- ce qui lui donnera une plus grande stabilité que chaque monnaie prise individuellement. L'ECU (*European Currency Unit*) ainsi créé n'a pourtant pas tous les attributs d'une monnaie. Elle n'est qu'une unité de compte dont la valeur est déterminée, comme le DTS d'ailleurs, à partir d'un « panier ». Elle n'est pas une monnaie commune en ce sens que si elle peut théoriquement se substituer aux monnaies européennes, elle n'ajoute pas de liquidités au système.

Adossée aux autres instruments monétaires, elle ne contribue pas à accroitre la monnaie en circulation.

Si la fin du système de Bretton Woods et d'un régime de change fixe réjouit les banquiers et la finance internationale, il satisfait aussi les États. Les deux vont d'ailleurs main dans la main. La liberté de mouvement des capitaux, permet de financer les déficits budgétaires par l'épargne mondiale plutôt que par la seule épargne de leurs concitoyens. Les banques et les marchés financiers drainent ainsi l'épargne mondiale vers les États qui s'endettent et justement, les Etats-Unis ont besoin de cette épargne pour financer leurs déficits.

En effet, si on agrège les soldes budgétaires de chaque pays, le solde budgétaire mondial est mécaniquement égal à la différence entre l'épargne et l'investissement mondial. Un déficit budgétaire « mondial », qui agrège le solde national, a donc nécessairement pour contrepartie un excédent mondial d'épargne. Le Monde aux comptes publics globalement déficitaires a donc pour contrepartie les excédents d'épargne cumulés des pays pétroliers, du Japon de l'Allemagne et, plus tard, de la Chine.

Cette facilité de financement est, pour les États, une souplesse et un danger.

Une souplesse parce qu'elle dessert les contraintes de financement et permet d'éviter des politiques d'austérité qui pèseraient sur la consommation et l'investissement. Un pays qui ne financerait son déficit que par l'épargne nationale évincerait en effet l'investissement national. L'alternative serait alors soit d'augmenter les impôts, soit de jouer sur l'inflation, « épargne forcée » qui tend à diminuer la consommation et à dévaloriser la dette. Emprunter à l'étranger permet d'éviter ces politiques assez peu attrayantes pour un gouvernement démocratique. Après la crise de 2008, les pays industriels ont ainsi pu accumuler des déficits budgétaires extraordinaires sans provoquer l'explosion des taux d'intérêt.

Mais cette souplesse est un danger. D'abord, l'excédent de l'épargne mondiale n'est pas acquis. Ensuite, cette facilité ouvre la porte aux dérives qui mènent à l'insolvabilité d'États qui ne trouveront plus à se financer sur les marchés. À partir des années 1980, le Monde renoue avec les crises de « dette souveraine ». Si elles ont d'abord frappé les pays en développement et émergents dans les années 1980 et 1990, l'Europe n'y a pas échappé avec les crises irlandaise, portugaise et grecque qui suivent les années 2010.

Tous les pays s'exposent donc à ce risque, sauf un : les Etats-Unis. Même lorsqu'ils empruntent à l'étranger, ils conservent le privilège de s'endetter en dollars, la monnaie que justement ils créent. Pour les prêteurs, cette facilité n'élimine pas le risque de change qui pourrait dévaloriser la dette américaine, mais elle supprime celui d'insolvabilité. La prime de risque peut être rabotée et permettre aux Etats-Unis de bénéficier de taux d'intérêt favorables … qui les encouragent à s'endetter encore.

Les Etats-Unis ont abusé de cette facilité : ils épargnent peu et consomment beaucoup. C'est le paysan chinois ou le petit entrepreneur allemand qui finalement financera le déficit américain sans même qu'ils ne s'en rendent compte.

Un des arguments présentés par les plus anciens partisans du flottement des monnaies, comme Milton Friedman, était que ce système désamorcerait les tensions protectionnistes. Les écarts de compétitivité ou les déficits courants se règleraient par l'ajustement des taux de change. Mais le raisonnement ne vaudrait que dans un monde où les capitaux financiers circuleraient peu.

Dans la réalité, l'influence des soldes commerciaux sur les taux de change est négligeable. C'est le bas de la balance des paiements, c'est-à-dire les mouvements de capitaux, qui est déterminant. Ce ne sont donc pas les « fondamentaux » -différentiels d'inflation, de productivité, etc.- qui déterminent les taux de change mais une circulation financière nourrie par la spéculation et les arbitrages avec d'ailleurs, comme principal support, les titres des dettes publiques, les fameux « bons du Trésor ».

Le flottement des monnaies n'a donc pas relégué le protectionnisme au rang des doctrines déchues comme l'espérait Friedman, même si, paradoxalement, sur l'ensemble de la période post-Bretton Woods, c'est une impression générale de libéralisation commerciale qui domine.

En effet, deux cycles de négociations multilatérales sont ouverts : le Tokyo Round (1973-1979) et l'Uruguay Round (1986-1993). Comme les précédents, ils prévoient une baisse des droits de douane. Mais, ils présentent au moins deux particularités : leur durée et l'élargissement des négociations aux barrières non tarifaires et aux règles du jeu institutionnelles.

Les premières négociations commerciales menées sous l'égide du GATT visaient à poursuivre le processus de réduction des droits de douane. Toutefois, les négociations « Kennedy », au milieu des années 1960 avaient abouti à un nouvel Accord antidumping. Le Tokyo Round est allé beaucoup plus loin dans l'élargissement et l'amélioration du système.

Dans d'autres domaines, le Tokyo Round a eu un succès mitigé : il n'a pas permis de résoudre les problèmes fondamentaux persistants dans le commerce des produits agricoles, ni de conclure un nouvel accord sur les « sauvegardes » (mesures d'urgence concernant l'importation).

L'Uruguay Round ouvert en 1988 aboutira à la mise en place d'une nouvelle organisation de droit international (1995) : l'Organisation Mondiale du Commerce (OMC) dont les compétences s'élargissent à des domaines exclus jusqu'alors du GATT comme les services ou la propriété intellectuelle.

Malgré ces progrès du « multilatéralisme », le dernier quart du XX° siècle est aussi caractérisé par un regain de tensions commerciales. En 1974, la mise en place des Accords Multifibres, coiffés par le GATT contredit deux de ses principes fondamentaux : le multilatéralisme et le traitement de la nation la plus favorisée. En effet, ils instituent des accords bilatéraux et dérogent à l'interdiction des restrictions quantitatives puisqu'ils prennent la forme de restrictions volontaires aux exportations.

Le retour des Etats-Unis à sa tradition protectionniste est ponctué par trois lois commerciales américaines (1974, 1979 et 1986) qui marquent un durcissement du critère de réciprocité et la mise en place d'instruments de rétorsions qui, comme la *Section 301*, vont au-delà des instruments dits de « protection conditionnelle » codifiés par le GATT (droits antidumping, droits compensateurs, clauses de sauvegarde). Cette exigence de réciprocité incite les États-Unis à prendre leur distance avec le multilatéralisme en recourant à des menaces de sanctions pour obtenir une plus grande ouverture des marchés étrangers aux exportations américaines (comme les accords avec le Japon sur l'importation des composants électroniques) ou une restriction des exportations étrangères par des accords dits de « restriction volontaire des exportations » avec le Japon et d'autres pays asiatiques pour des produits comme l'automobile ou la sidérurgie. L'Union européenne emboîte le pas en faisant plus systématiquement usage des droits antidumping et des accords de restriction volontaire des exportations.

Le ralliement des États-Unis aux changes variables et le durcissement des exigences américaines en termes de réciprocité obéissent à la même logique : marquer ses distances avec la doctrine d'après-guerre qui faisait des États-Unis, seule grande puissance économique capitaliste, un leader bienveillant et assez peu exigeant. Des années 1970 au début des années 1980, le sentiment qui domine est que ce régime a tellement profité au Japon et à l'Europe que ces alliés fourbes pourraient bientôt contester l'hégémonie américaine. Les débats sur le « déclin » de l'économie américaine, un peu oubliés aujourd'hui, s'inscrivent dans cette perspective. À la fin des années 1980, juste avant la chute du mur de Berlin, le livre de l'historien britannique Paul Kennedy, *Naissance et déclin des grandes puissances*, connait ainsi un succès mondial en prédisant la fin de l' « hégémonie » américaine. L'opinion publique américaine redoute alors la puissance acquise par ces grands rivaux que sont le Japon et même … l'URSS[12].

Un facteur institutionnel contribue aussi à expliquer cette évolution : le retrait relatif de l'exécutif par rapport au législatif. La guerre du Vietnam, le scandale du Watergate et, peut-être, une certaine médiocrité des Présidents successifs, affaiblissent la Présidence. La politique commerciale et la politique fiscale seront les deux grands domaines où le Congrès veillera plus jalousement au respect de ses prérogatives constitutionnelles. Or, les élus sont plus directement exposés aux groupes d'intérêt que l'exécutif. Les exigences de politique étrangère y sont plus lointaines. Enfin, la hausse du dollar sur une partie de la période (1980-1985) et le déficit jamais résolu de la balance courante américaine ont favorisé les pressions en faveur de politiques commerciales plus actives. Même certains économistes, dont le futur prix Nobel, Paul Krugman, en principe acquis au libre-échange, semblent, quelque temps, s'orienter dans cette voie. La théorie de la « politique commerciale stratégique » renouvelle ainsi les arguments en faveur des interventions de l'état en faveur d'industries concentrées comme l'aéronautique ou les composants électroniques. Les premiers pays visés sont alors l'Europe et le Japon, des rivaux perçus alors comme déloyaux. Plus tard viendra le tour de la Chine …

2. Commerce d'hier et d'aujourd'hui

De l'après-guerre aux années 1990, le dynamisme du commerce trouvait son origine dans une forme d'échange qui défiait les théories enseignées dans les universités. Ricardo, le père de la théorie des avantages comparatifs, caution scientifique du libre-échange et de la division internationale du travail, avait pris l'exemple fameux de l'échange entre un pays « avancé » - l'Angleterre - et un pays qui l'était beaucoup moins - le Portugal -. Ils échangeraient deux biens extrêmement différents : le drap et le vin. L'Angleterre choisirait le drap où, comparativement au Portugal, l'écart de productivité était plus élevé. Un peu plus tard, la théorie soutiendra que puisque les pays en développement, souvent colonisés à l'époque, sont relativement mieux dotés en travail que les pays industriels, le jeu de l'offre et de la demande des facteurs rendra plus compétitifs les pays industriels dans la production de biens plus exigeants en capital qu'en travail (théorème dit HOS du nom de ses « inventeurs » successifs : Eli Heckscher, Bertil Ohlin et Paul Samuelson). Une de simplifications de cette théorie est que plus les pays **et** les produits sont différents, sur des critères que plusieurs générations d'économistes s'efforceront de caractériser, plus ils échangeront.

Pourtant, ces théories laissent dans l'ombre un certain nombre d'autres moteurs qui ont tiré le commerce d'après-guerre.

Le doux commerce d'après-guerre

Ce que nous disent les théories traditionnelles du commerce international n'est pas ce que disent les statistiques sur les échanges d'après-guerre et tout particulièrement sur le commerce entre pays européens. Si les exportations augmentent et tirent la croissance européenne ce n'est pas parce que la France vend des automobiles à l'Italie contre des robes ou des chaussures car la France exporte tout autant ses automobiles et ses robes vers l'Italie. Des 4 CV de Boulogne-Billancourt rouleront sur les autostrades italiennes tout comme les Fiat 500 de Turin s'agglutineront dans les embouteillages parisiens. Le commerce international est « tiré » par les échanges de produits similaires entre pays proches

31

économiquement (et physiquement) ce qui laisse perplexe les économistes qui identifient bien le phénomène mais peinent à le théoriser. Il faudra attendre les années 1980 pour que quelques-uns (Lancaster, Krugman, …) proposent les formules mathématiques qui rendent compte de la possibilité d'échanger… sans avantages comparatifs. Mais ces « nouvelles théories du commerce international » entrent dans les manuels quand, justement, le type d'échanges qu'elles expliquent commence à se ralentir. Les usines de Boulogne-Billancourt sont abandonnées et si Fiat a ressuscité sa 500, c'est pour se faire assembler en Pologne.

Avec le recul, cette mondialisation d'après-guerre, orchestrée par les cycles de négociation (rounds) du GATT, apparaît bien douce. La responsabilité des emplois perdus - les opératrices téléphoniques, les poinçonneurs du métro parisien -, est moins imputée à la mondialisation qu'à l'évolution naturelle des sociétés Quand la productivité du travail, et donc les salaires, augmentent rapidement, les emplois qui ne suivent pas le rythme sont condamnés à terme. La France importe certes des automobiles mais elle en exporte aussi et même souvent davantage. Puisque les écarts de salaires entre les pays producteurs sont faibles, la mondialisation ne les pressure pas. Au pire, en cas de dérive salariale, la monnaie est dévaluée dans les limites finalement assez peu contraignantes du FMI. Toute une génération qui n'a pas oublié le chômage des années 1930 et les pénuries des années 1940, se délecte d'un plein emploi garanti par une croissance forte. Les « miracles » sont allemands, italiens et français, signataires, avec le Benelux, du Traité de Rome.

Puis vient le premier choc pétrolier de 1973 qui laisse le chômage se gonfler.

On commence alors à se rappeler que le commerce ne se limite pas à des échanges socialement neutres. Le déclin de certains secteurs – mines, sidérurgie, textile - devient évident. La concurrence des pays à bas salaires commence à inquiéter. En 1977, le Député du Tarn, mi- dégoûté, mi- amusé, brandit à la tribune de l'Assemblée nationale des culottes et des soutiens gorge sud-coréens pour dénoncer les menaces que ces importations font peser sur les industries de sa circonscription. En 1982, le gouvernement bloque les importations de magnétoscopes japonais.

L'avenir de l'automobile préoccupe les constructeurs. Le PDG de Peugeot, Jacques Calvet, fulmine contre l'Europe passoire qui négocie pourtant avec le Japon des accords d'autolimitation. Il envisage même une candidature aux Présidentielles. En 1992, Ross Perrot a franchi le pas. Candidat indépendant aux élections présidentielles américaine, il obtient 18,9% des voix sur un programme conservateur et protectionniste.

Mais l'ancien Monde, celui des années 1970 et 80, s'est trompé sur ses rivaux. Le Japon est un dragon de papier qui ne se remettra jamais de sa crise bancaire. À partir de 1990, sa part dans la finance et le commerce mondial ne cessera pas de décliner. L'Occident aveuglé par les armures du samouraï n'a pas vu venir le wuxia chinois, ce chevalier errant qui a bien meilleure mine que le grimaçant guerrier japonais. Le nouveau monde est arrivé.

Un nouveau venu : le Sud

Jusqu'aux années 1980, les débats portaient surtout sur les relations commerciales entre pays riches. Les « nouvelles » théories suivaient les faits avec retard mais finissaient par démontrer que les économies d'échelle associées à la diversité des goûts permettent d'échanger sans avantages comparatifs, c'est-à-dire sans que la productivité des facteurs de production, et donc leurs coûts, soient nécessairement différents. Le commerce serait déterminé par les préférences pour la variété et la diversité. Dans les entreprises, les services de marketing s'imposaient et la publicité s'imposait. La France pouvait exporter son cognac et importer du whisky américain.

D'ailleurs, la domination du Sud par le Nord était dénoncée, ce qui justifiait des politiques de développement autocentrées d'économies fermées qui, par construction, ne pouvaient menacer l'industrie européenne ce qui, finalement, arrangeait tout le monde.

Après la guerre et la conquête de leur indépendance, les pays en développement avaient ainsi adopté des politiques hautement protectionnistes. Beaucoup échouent piteusement, notamment en Amérique latine ou en Afrique. D'autres atteignent leurs limites comme les « dragons » asiatiques (Corée, Taiwan, Hong Kong, Singapour). Mais à partir des années 1970 et 1980, le Sud s'ouvre progressivement. Cette évolution accompagne souvent la chute des dictatures qui, de droite par nationalisme ou de gauche par anti-impérialisme, avaient choisi le protectionnisme. Les pays d'inspiration socialiste, adeptes des plans staliniens, se faisaient un honneur de privilégier des industries lourdes et « industrialisantes » surtout s'ils bénéficiaient des matières premières qu'ils espéraient transformer dans de gigantesques complexes sidérurgiques ou pétrochimiques. Beaucoup de pays d'Afrique ou d'Amérique latine, trop bien dotés en richesses naturelles, s'y ruinèrent en négligeant les effets pervers d'une rente qui non seulement fluctue avec les prix de marchés structurellement instables, mais alimente l'inflation, pèse sur la compétitivité de l'agriculture et de l'industrie et finalement favorise la corruption et l'instabilité politique. Aujourd'hui encore comment ne pas s'affliger de voir le Venezuela, autrefois prospère, s'ajouter à la longue liste des pays ruinés par leur richesse et … leurs gouvernants ?

Puisque les pays en développement ne menaçaient pas l'industrie du Nord, on pouvait laisser au Sud la possibilité de droits de douane élevés et même, par bienveillance, leur accorder des exonérations douanières, prohibées par le GATT au nom du traitement de la nation la plus favorisée, mais finalement blanchies à l'occasion du Tokyo Round (1973-1979). L'Europe a ainsi mis en place des accords dits de Lomé (puis Lomé-Cotonou) qui donnaient à des pays d'Afrique, des Caraïbes et du Pacifique (ACP) un accès privilégié à certains marchés des pays industriels. Les Etats-Unis appliquèrent un système équivalent. Ces facilités données aux pays pauvres n'étaient pas dénuées d'hypocrisie : elles ne concernaient pas les produits dits « sensibles » et laissaient de côté les pays d'Asie et d'Amérique latine même si ceux-ci pouvaient bénéficier d'un autre système de préférence plus « multilatéral », le Système Généralisé de Préférence. Cette bonne volonté de l'Europe et des pays industriels ne les empêchera d'ailleurs pas de durcir leur protection dans certains secteurs menacés par les importations du Sud comme ce fut le cas pour le textile et l'habillement (accords multifibres).

Certains pays, surtout en Asie du sud-est, réussirent pourtant à faire décoller leur économie surtout lorsqu'ils avaient la chance d'échapper à l'ivresse minière. Mais tous se heurtaient au même mur : la demande intérieure est trop étroite pour entretenir la croissance et, a fortiori, le développement. Les uns après les autres, ils abandonnent, ou modèrent, les politiques dites de « substitution aux importations » qui visaient à développer la production des biens industriels qu'auparavant ils importaient.

Cette stratégie délaissée, il leur faut maintenant conquérir les marchés mondiaux et flatter le capitalisme mondial en lui proposant une main d'œuvre bon marché. Mais l'ouverture est un donnant-donnant. Les marchés extérieurs ne leur seront accessibles que si eux-mêmes acceptent d'ouvrir leur marché aux importations. Les pays qui n'en étaient pas déjà membres, adhèrent au GATT, puis à l'OMC. Pour la Chine, c'est chose faite en 2001 après une bonne quinzaine d'années de négociations. Mais cette ouverture n'est pas seulement un ticket d'entrée pour accéder aux marchés mondiaux. Elle impose une révolution stratégique. Il ne s'agit plus de développer des filières de production intégrées qui, à partir de la récolte ou de l'extraction minière remonteraient jusqu'à l'étape ultime du processus de transformation. Les pays en développement - bientôt émergents - renoncent à capter immédiatement le maximum de valeur ajoutée pour se spécialiser à l'étape du processus de production où ils bénéficient d'avantages comparatifs. Les salaires seront alors suffisamment bas pour compenser, et au-delà, leur faible productivité. Ils développeront alors leurs activités industrielles en aval du processus de production, dans la couture, la soudure, ou l'assemblage, là où la main d'œuvre peu ou non qualifiée est la plus nécessaire et donc là où se situe l'avantage d'avoir de bas salaires. Et qu'on ne vienne pas venir leur contester ces choix au nom de quelque prétexte fallacieux et hypocrite comme le respect de la propriété intellectuelle, de l'environnement, du droit syndical ou de l'interdiction du travail des enfants !

Ainsi, la libéralisation des échanges profite tout particulièrement au commerce des biens intermédiaires qui seront transformés avant d'être réexportés. Tous les pays en développement, ou presque, franchissent le pas en abaissant les droits de douane : la Chine et les « tigres » asiatiques d'abord, puis l'Amérique latine, l'Inde et l'Afrique.

Mais cette évolution ne se limite pas aux lointains pays en développement. L'Europe aussi a ses « pauvres », l'Espagne, le Portugal ou la Grèce libérés de leur dictature puis les pays de l'Est affranchis de la tutelle soviétique : Bulgarie, Roumanie, Pologne, ex-Tchécoslovaquie, pays baltes, Croatie, Slovénie et même… l'Allemagne de l'Est. L'Europe trouve à ses portes des pays à bas salaires prêts à jouer le jeu du libéralisme économique.

Cette évolution a bouleversé la nature même de la mondialisation commerciale et lui a donné un souffle nouveau.

Une spécialisation verticalisée

L'évolution économique est caractérisée par l'approfondissement progressif de la division du travail. Et la « mondialisation » n'est souvent rien d'autre que l'accélération de ce processus, sa phase finale pourraient soutenir les marxistes. Les foyers, les communautés, les régions se spécialisent et, se faisant, doivent échanger. La division internationale du travail n'est que l'extension de cette évolution que les pays ont néanmoins la possibilité de la ralentir par leurs prohibitions, leurs règles ou leurs droits de douane.

Dans le Monde ricardien, les pays se spécialisent dans des produits où toutes les étapes du processus de production sont supposées localisées dans le même pays. Dans le Monde d'après-guerre, les pays se spécialisent davantage dans les « variétés » d'un produit défini par sa fonction mais différencié par ses caractéristiques : bas de gamme ou haut de gamme, Fiat ou Renault, gruyère au lait de vache ou Mozzarella au lait de buffle…

L'étape suivante, la plus avancée et qui s'accélère dans les années 1980, est celle de la spécialisation « verticale » des pays à certaines étapes seulement du processus de production. Adam Smith, dans *la Richesse des nations*, avait illustré la division du travail par l'exemple célèbre de la manufacture d'épingles. La production d'un bien nécessite un processus dont on peut décomposer les étapes afin de spécialiser les travailleurs et élever ainsi leur productivité. La valeur s'accumule alors le long d'une chaîne de production fragmentée. Mais, dans cet exemple, les différentes restent accomplies dans la même entreprise et le taylorisme mettra en œuvre les bonnes techniques pour l'organiser au mieux. Et puis, progressivement, certaines tâches sont « externalisées » auprès d'autres firmes nationales. Si la valeur ajoutée se partage entre elles, elle reste néanmoins dans le pays. Certes, quelques tâches pouvaient être réalisées sur des territoires étrangers mais, après la guerre, cet approfondissement de la division internationale du travail avait été freinée par les obstacles imposés aux investissements directs, à la circulation des services et … aux droits de douanes. Sans être tous levés, ils s'assouplissent suffisamment pour que dans les années 1990, le commerce soit moins tiré par la spécialisation des pays dans les produits finaux - automobile, ordinateur, avion - que dans certaines tâches qui incluent des activités d'extraction (matières premières), de transformation et production (composants, assemblage) ou de services (conception, transport, distribution).

Dans le Monde de la « chaîne mondiale de valeur », les pays se spécialisent donc à certaines étapes seulement du processus de production. C'est le « *Made in the World* » de l'ancien Directeur Général de l'OMC, Pascal Lamy où le « *designed by Apple in California assembled in China* » inscrit au dos des iPhones pour ne pas avoir à indiquer un *Made in China* déconseillé par les experts en marketing (qui aurait alors acheté un téléphone *Made in China* ?). Entre les deux, les composants ou les disques durs incorporés dans les appareils seront produits en Corée ou au Japon, à partir de matériaux extraits en Afrique ou en Amérique latine et de pièces fabriquées en Malaisie et ainsi de suite. Les pays les plus avancés se spécialiseront dans les tâches intensives en travail qualifié, souvent situées en amont (recherche-développement, composants sophistiqués, coordination, …) mais aussi en aval (marketing et distribution, voire assemblage dans le secteur automobile allemand). Les moins avancés extrairont des matières premières -coton, cuivre, lithium, …- ou laisseront se bâtir en aval des grandes usines d'assemblage plus ou moins mécanisées et qui sollicitent une main d'œuvre peu qualifiée et bon marché.

L'évolution technologique a aussi joué son rôle grâce à l'apparition de nouveaux produits qui avaient la particularité d'être décomposables dans une multitude d'éléments aisément transportables et assemblés par une armée de petites mains. En même temps, les nouvelles technologies de l'information ont permis de réduire le coût d'une coordination rendue plus complexe par l'externalisation des tâches.

La Chine redécouvre les zones franches, aussi vieilles que le commerce, mais qu'elle reconfigure. Elle crée ainsi des territoires douaniers économiquement autonomes, ouverts aux firmes multinationales qui pourront, entre autres avantages, importer des biens intermédiaires et des composants en franchise de droits. Mais pour bénéficier de ces privilèges, elle y met ses conditions : une fois transformée la plus grande part de la production (en général, 80%) devra être réexportée et le reste taxé comme elle l'aurait été si elle n'avait pas transité par la zone franche d'exportation (*export processing zones*). La Chine évite ainsi de faire entrer les loups étrangers dans la bergerie chinoise quitte à bien les nourrir dans leur enclos. Les produits fabriqués dans ces zones n'inonderont pas le marché chinois, ils ne soumettront pas les entreprises locales, souvent d'État, à une concurrence « déloyale ».

Cette stratégie aura ses figures emblématiques. Une ville d'abord, Shenzhen, proche de Canton et de Hong Kong et qui passe de 200 000 habitants en 1979 à plus de 13 millions aujourd'hui. Une firme ensuite, Foxconn, taïwanaise d'origine, et qui emploie sur le continent plus d'un million de personnes pour assembler les produits électroniques d'à peu près tout le Monde, de Apple à Samsung. Nos produits de marque américaine, japonaise ou coréenne, nos téléphones, tablettes, ordinateurs, téléviseurs, sont ainsi assemblés par Foxconn à Shenzhen qui, par ailleurs, n'est pas réputée se situer à la pointe du progrès social.

Le nombre de zones franches d'exportation n'a depuis cessé d'augmenter et pas seulement en Chine. On ne parvient même plus à les compter. À peine une centaine dans les années 1990 on en compte plusieurs milliers aujourd'hui[13]. Elles ont proliféré en Asie et en Amérique latine, un peu moins en Afrique qui commence pourtant à s'y mettre. Elles ont permis de développer la « chaîne mondiale de valeur » (*Global Value Chain* ou GVC) cette forme de spécialisation qui sans être inédite, était jusque-là bien peu pensée.

Ces zones franches ne se contentent pas d'exonérer les importations d'intrants, elles octroient aussi des avantages fiscaux, des dérogations au droit commun, des infrastructures adaptées, un accès facilité aux terrains. Ces avantages peuvent être considérés comme « déloyaux » voire illégaux, contraires aux règles de l'OMC sur les subventions, irrespectueux des droits fondamentaux des travailleurs. Elles n'en ont pas moins créé une dynamique qui a le plus souvent profité aux pays en développement mais qui a aussi accéléré la désindustrialisation des pays du Nord.

Par ailleurs, la fragmentation des processus de production, associée à la prolifération des zones franches d'exportation, a favorisé le commerce illégal qui bénéficie d'une traçabilité opaque et donc plus aisément falsifiable. La mondialisation de la chaine de valeur multiplie les opérations de dédouanement et donc les occasions de transit dans des ports complaisants souvent situés dans des zones franches, dont l'autonomie douanière facilite les trafics. Ces zones valident les origines, autorisent les transbordements qui transforment les empaquetages, dénaturent le produit d'origine auquel se substitue parfois un produit de contrefaçon.

Le rapport 2010 de l'OCDE sur les vulnérabilités des zones franches en matière de blanchiment d'argent évoque ainsi une « participation à un groupe criminel organisé en racket, trafic illicite de stupéfiants, fraude, contrefaçon et piratage de produits et contrebande[14] ».

Il existe quelques variantes comme les maquiladoras mexicaines qui ne sont pas attachées à un territoire, ou des zones franches plus orientées vers le marché intérieur, comme la zone franche de Manaus au Brésil dont les soutiens publics sont d'ailleurs contestés par l'Union Européenne. Mais dans tous les cas, ces zones s'insèrent dans la chaîne mondiale de valeur en important des intrants en franchise de droits de douane pour les transformer ensuite. Elles se situent le plus souvent dans l'industrie électronique, mécanique et métallurgique, automobile ou textile. Aujourd'hui, la majorité des exportations de la Chine ou du Mexique sont issues de zones ou d'entreprises relevant de ces régimes spéciaux.

Les firmes européennes ont certes participé à ce mouvement en s'y implantant. Mais sauf quelques géants comme Philips ou Siemens, elles ont joué un rôle secondaire dans les secteurs les plus concernés par cette fragmentation des processus de production. Elles ont été physiquement moins présentes que les firmes américaines, coréennes, taiwanaise ou japonaises ce qui ne les a pas empêchées de faire appel aux firmes sous-traitantes, notamment dans le textile, l'électronique ou la mécanique.

Ce n'est pas pour autant que les grandes firmes européennes aient échappé à la mondialisation des chaînes de valeur mais peut-être devrait-on parler pour elles de régionalisation ou, mieux encore, d'européanisation. Même si la zone franche de l'aéroport de Shannon en Irlande est souvent présentée comme une des premières zones franches d'exportation, l'exonération conditionnelle de droits de douane n'est pas compatible avec les principes de la politique commerciale commune. L'Europe n'a donc pas de zones franches à la chinoise. Mais d'autres instruments encouragent la mondialisation - ou la régionalisation - des chaînes de valeur. Le système douanier de *drawback* permet ainsi aux entreprises d'être remboursées des droits de douane payés à l'importation de matières premières ou de biens intermédiaires ayant servi à fabriquer ses produits exportés. Si le *drawback* encourage les firmes nationales à transformer des biens intermédiaires importés, le régime du « perfectionnement passif » encourage les firmes nationales (ou communautaires) à délocaliser certaines tâches de production puisqu'il *« permet d'exporter temporairement des marchandises communautaires en vue de les faire ouvrer, monter, transformer, ou réparer dans un pays tiers puis réimporter les produits en exonération totale ou partielle des droits à l'importation ».* Ce régime a notamment été appliqué par l'Union Européenne aux ex-pays socialistes, candidats à l'adhésion et pouvant se prévaloir de salaires bas pour attirer les firmes européennes. Il a permis d'européaniser une chaîne de valeur qui associait également la Turquie, entrée dans une Union Douanière avec l'Union Européenne en 1995.

L'entrée de pays à faibles salaires dans l'Union européenne, et donc dans le Marché unique, a permis à ses firmes de substituer l'européanisation de la chaîne de valeur à sa mondialisation. En plus de salaires bas, les firmes de l'Ouest européen, et tout particulièrement les firmes allemandes, ont bénéficié à l'Est d'une proximité géographique et culturelle et d'une harmonisation juridique inaccessibles dans les contrées plus exotiques. Loin d'accélérer le déclin manufacturier de l'Allemagne ces délocalisations lui ont d'ailleurs permis de réaffirmer son statut de première puissance industrielle de l'Europe.

L'indigence des chiffres

La production d'une automobile, d'un avion ou d'un téléphone portable doit associer une multitude de filiales ou de sous-traitants, répartis dans le monde, des pays industriels comme des pays émergents qui ont (enfin) compris que faute d'être compétitifs sur l'ensemble de la chaîne de valeur, ils le seraient sur le fragment le plus exigeant en travail peu qualifié. De fait, comme le montre le graphique ci-dessous (Figure 1), la part des pays émergents et en développement dans le commerce mondial est passée de 22% en 1997 à 36% en 2017.

Figure 1 - Part des pays émergents et en développement dans les exportations mondiales de biens et services

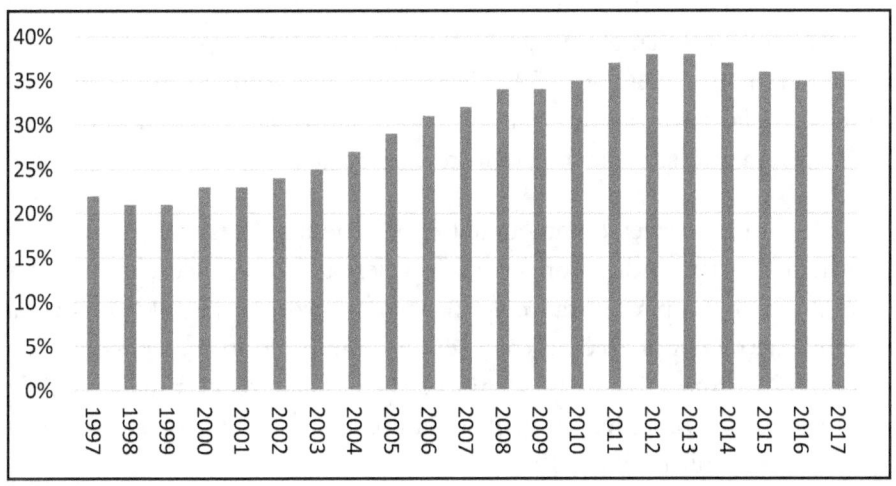

Source : FMI World Economic Outlook

Néanmoins, si la progression a été rapide, elle tend à se tasser depuis 2011 ce qui pourrait annoncer les limites d'un certain modèle d'insertion des pays en développement dans la mondialisation en général, dans la chaîne mondiale de valeur en particulier. Même si depuis longtemps, quelques (rares) économistes avaient bien compris que l'avenir appartenait aux échanges de biens intermédiaires, cette évolution de la division internationale n'a vraiment été reconnue que tardivement. La crise de 2008 qui a vu s'effondrer en quelques mois plus du tiers du commerce mondial, et la moitié des exportations chinoises, a accéléré la prise de conscience de cette révolution silencieuse dans les échanges.

Le fait que les produits finals incorporent des matières premières, des composants ou des services venus du Monde entier rend la compréhension de la mondialisation d'autant plus complexe que nos appareils statistiques ne parviennent plus - si tant est qu'ils y soient parvenus un jour - à la déchiffrer.

En effet les chiffres du commerce international sont traditionnellement recueillis par des douanes qui n'ont à connaitre d'information que la valeur du produit qui entre ou sort du territoire douanier. Pour elles, la nationalité d'un bien est celle du pays de dernière transformation, indépendamment même de l'origine de sa valeur ajoutée. Un bien assemblé en Chine, mais dont l'essentiel de la valeur a été produite à l'étranger, sera considéré comme chinois. Quand, au milieu des années 2000, ce pays exportait un iPod qui augmentait de 150 dollars ses exportations (et celles du Monde…), la valeur ajoutée chinoise, et donc la contribution directe du pays exportateur, se limitait à environ … 4 dollars[15].

Les économistes et les commentateurs persistent pourtant à utiliser avec gourmandise un indicateur censé révéler le degré d'ouverture des économies et qui permettrait d'apprécier les performances du pays et sa dépendance au commerce. Le calcul est aisé car les données accessibles. Le « taux d'ouverture » est ainsi le rapport entre la valeur du commerce et celle de la production. Le plus souvent on utilise le ratio entre les exportations et le PIB (Produit Intérieur Brut).

Il est un QCM amusant à réaliser : situer les limites de l'intervalle à l'intérieur duquel pourrait se situer ce ratio. La réponse parait simple : le taux d'ouverture se situera nécessairement entre 0% (le pays n'exporte rien) et 100% (le pays exporte tout) et le bon sens l'emportera sans aucun doute dans le sondage. Mais, comme parfois en économie, le bon sens a tort. En 2016, les exportations de biens et services représentaient 187% du PIB de

Hong Kong et 172% de celui de Singapour. Cette anomalie n'en est pas une. Le taux d'ouverture, cet indicateur si prisé, compare deux grandeurs qui ne se comparent pas. Le taux d'ouverture peut à partir de 0% augmenter, sans limite. Il peut même théoriquement friser l'infini, si un pays imaginaire de la taille d'une boîte à lettre, importait puis réexportait tout sans ajouter la moindre valeur. C'est une faute élémentaire, trop souvent entretenue par ceux, statisticiens et économistes, qui sont pourtant en charge de la dénoncer.

Le PIB est la somme des valeurs ajoutées d'un pays c'est-à-dire, pour l'essentiel, les salaires et les profits versés dans le pays en contrepartie d'une activité de production d'un bien ou d'un service. La production de Renault ne contribue au PIB français que pour la valeur qu'elle a « ajoutée » en France aux matières premières, aux pièces détachées et au services achetés à d'autres firmes. Les pneumatiques dont seront équipés ses modèles ne contribuent pas à la valeur ajoutée de Renault et, s'ils sont importés d'Allemagne ou d'Angleterre, plutôt qu'achetés à Clermont-Ferrand, ils ne seront pas non plus pris en compte dans le PIB français. Mais ils entreront dans la valeur dite « brute » des exportations françaises. Quand Renault importe davantage de pneus, la valeur de ses exportations ne change pas, mais sa contribution au PIB français diminue.

Qu'on se le dise une fois pour toute, quand la France exporte des Airbus pour un milliard d'euros, le PIB français n'augmente pas d'un milliard mais seulement, disons, de 250 millions (personne n'est en mesure de connaitre le montant exact !), les 750 autres représentant la valeur des réacteurs, des fuselages, des ailes et de tous les composants importés qui ont eux-mêmes préalablement exigé d'autres importations, qui elles-mêmes…

Paradoxalement, plus le contenu en importations sera élevé, plus la dépendance de la croissance française à Airbus sera faible. Si, les exportations d'avions chutaient d'un milliard, le PIB français baisserait aussi d'un milliard avec un taux de 100% (la France produit tout), mais de 250 millions seulement si la France ne contribue à la valeur des avions que pour le quart.

43

Puisque la valeur ajoutée est en grande partie composée des revenus du travail (environ les deux-tiers en France) l'impact des exportations sur l'emploi ne dépend pas de leur volume mais de l'origine de la valeur ajoutée. En d'autres termes, dans notre exemple, exporter un milliard d'Airbus ne signifie pas des emplois à hauteur de ce montant, loin de là.

C'est ainsi qu'entre juillet 2008 et février 2009 dans un pays aussi « ouvert » que la Chine, la moitié des exportations de biens s'évaporait en n'affectant le PIB que de quelques points. En effet, ce pays exporte pour l'essentiel des biens industriels finis, ce qui la fait apparaître comme un grand exportateur alors que leur contribution à la valeur ajoutée chinoise – le PIB - est faible. À l'inverse, des pays qui exportent surtout des matières premières destinées à être transformées ailleurs, comme la Russie ou le Brésil, n'apparaissent pas comme très « ouverts » alors que la contribution de leur commerce à la croissance du PIB y est plus forte. On trouve en effet plus de travail brésilien dans les 1000 dollars de minerai exportés par le Brésil que de travail chinois dans les 1000 dollars de tablettes numériques produites par la Chine.

Les statistiques traditionnelles « brutes » du commerce international, c'est-à-dire en termes de valeur de production conduisent à de nombreux malentendus et erreurs d'analyse.

Les statistiques montrent ainsi que, preuve irréfutable d'un processus de mondialisation, le taux de croissance du commerce mondial est plus élevé que celui de la production. De fait, depuis 1950, le volume du commerce mondial a été multiplié par 40 et celui de la production par 10. Les exportations mondiales de biens et services représentaient 12% du PIB mondial en 1960, 19% en 1990 mais 29% en 2016 (Banque Mondiale). Mais cette comparaison, qui n'en est pas une, n'a pas grand sens non pas du fait d'une « double comptabilisation » des biens exportés, mais d'une multiple comptabilisation.

Prenons le cas d'une Allemagne qui vendrait une automobile 100% allemande, de la matière première au véhicule lustré et certifié. Elle est exportée aux Etats-Unis pour 40 000 dollars. Les exportations mondiales (on dit bien mondiales et pas simplement allemandes) augmentent donc du même montant. Dans la chaîne mondiale de valeur, tel n'est plus le cas car il est loin le temps où la quasi-autarcie nazie permettait à Mercedes d'intégrer toute la production, ou presque, dans le territoire du Reich. Progressivement, le processus de production s'est mondialisé. Aujourd'hui, lorsque Mercedes exporte un de ses modèles aux Etats-Unis, ce n'est pas de 40 000 dollars que vont augmenter les exportations mondiales, mais de beaucoup plus. Une automobile réunit des milliers de pièces dont certaines ont été importées et qui pour être fabriquées, ont-elles-mêmes nécessité des importations et ainsi de suite…. Combien de fois le gramme de lithium extrait des terres argentines traversera-t-il de frontières, combien de transformations subira-t-il dans une multitude de pays avant de finir son odyssée dans la boîte de vitesse électronique de la Mercedes d'un jeune trader new yorkais ? Dix, quinze, vingt fois peut-être ce qui signifie que la valeur de ce gramme de lithium sera comptabilisée dix, quinze ou vingt fois dans les exportations mondiales. Ce raisonnement généralisé aux milliers de pièces qui font une Mercedes signifie que l'exportation d'une seule automobile à 40 000 dollars augmentera certes la valeur des exportations allemandes de 40 000 dollars mais augmentera aussi indirectement les exportations argentines, malaisiennes, japonaises, etc. Au total, la Mercedes exportée 40 000 dollars en bout de chaîne aura augmenté les exportations mondiales de 60 000 ou 70 000 dollars. Personne n'en sait d'ailleurs rien, ni Mercedes, ni les douanes, ni les statistiques officielles.

Pourtant, si on regarde la valeur ajoutée créée dans le Monde pour permettre au trader américain de parader dans la 5° avenue, de Wall Street à Central Park, rien n'a changé. Elle était de 40 000 dollars et elle reste à 40 000 dollars. Dans cet exemple, la fragmentation du processus de production a « créé » de l'exportation, mais n'a induit aucun bonus de croissance de l'économie mondiale qui s'est simplement répartie autrement. Et c'est ainsi qu'entre juillet 2008 et février 2009, les exportations ont pu chuter de 40% quand le PIB mondial restait stable (négatif dans les pays industriels, mais encore positif dans les pays en développement).

En termes jargonneux, on pourrait ainsi dire que les statistiques du commerce, telles qu'elles existent aujourd'hui, ne permettent pas de faire la différence entre une mondialisation « extensive » - l'Allemagne exporte davantage de Mercedes - et une mondialisation « intensive » - l'Allemagne en exporte autant mais internationalise sa chaîne de valeur -.

Mais les esprits restent tellement encombrés par la première, qu'ils en réfutent souvent la seconde. Si on raisonne en termes de mondialisation extensive dans un monde où la mondialisation a surtout été intensive, on surestime la contribution du commerce international à la croissance et à l'emploi. On oublie en effet qu'une part de la valeur exportée est produite à l'étranger. Il n'est pas rare d'entendre affirmer qu'un pays dont le taux d'ouverture (exportations/PIB) serait de 20% consacrerait *grosso modo* un cinquième de son activité, voire de son emploi, à l'exportation. Cette affirmation ne serait juste que si la totalité de la valeur, des matières premières à la vente finale, était réalisée dans le pays, ce qui n'arrive pratiquement jamais. Le label *made in France* peut ainsi être apposé avec seulement 45% de valeur ajoutée française ! Les constructeurs allemands continuent d'assembler des voitures pour qu'elles se revendiquent allemandes et bénéficient de l'irremplaçable *Made in Germany* alors que l'essentiel est produit à l'étranger, notamment dans les pays de l'est européen. Si la croissance des exportations a contribué à la spectaculaire croissance chinoise, l'agriculture, la construction et les infrastructures y ont contribué davantage encore.

Les statistiques du commerce extérieur montrent certes que l'industrie représente 80% du commerce des biens et sa part est même historiquement croissante au détriment des biens primaires, agricoles ou miniers. En même temps, dans notre monde post-industriel, la part des services dans les échanges mondiaux de biens et services stagnerait étrangement autour 20% du commerce mondial.

Mais il s'agit, cette fois encore, d'une illusion statistique. En effet dès qu'une matière première et un service sont transformés ou incorporés dans un bien industriel, ils deviennent eux-mêmes « statistiquement » industriels et sont comptabilisés comme tels à chaque fois qu'ils traversent une frontière. Dans son cheminement, la poussière de lithium abandonnera vite sa nomenclature originelle de produit minier pour se fondre dans une nomenclature industrielle. Lorsque la Chine exportera son smartphone à 150 dollars, il sera immédiatement considéré comme industriel alors que la plus grande part de sa valeur ajoutée relève en réalité des services (conception, licence, transport, etc.).

Les économistes se trompent aussi sur l'identification des spécialisations. Lorsque la Chine exporte une tablette numérique elle est vue comme spécialisée dans un bien industriel de haute technologie a priori très consommateur de travail qualifié. En réalité, sa contribution à la valeur du produit se limite à l'assemblage qui utilise du travail peu qualifié. Inversement, les Etats-Unis apparaîtront comme importateurs de ces mêmes tablettes alors qu'ils captent la plus grande part de la valeur ajoutée.

La balance commerciale de l'Union européenne avec la Chine était « statistiquement » déficitaire de 175 milliards d'euros en 2017. Le chiffre lui aussi est trompeur puisque les 375 milliards d'importations européennes comprennent aussi la valeur des composants produits au Japon, en Corée, aux Etats-Unis et ailleurs y compris… en Europe. Il est vrai aussi que dans les 198 milliards exportés par l'Europe, tout n'est pas Européen même si on peut présumer que la proportion soit plus grande. En d'autres termes, les statistiques ne permettent pas d'évaluer le « vrai » déficit bilatéral entre l'UE et la Chine. De son côté, le déficit des Etats-Unis dans les smartphones est bien davantage dû au disque dur japonais incorporé à l'appareil qu'à la contribution de la Chine à la valeur du produit. Sur 1,9 milliard de dollars de déficits des États-Unis dans les iPhones importés de Chine, 73 millions seulement étaient dus à la valeur incorporée par la Chine contre près de 700 millions pour le Japon[16]. Si les Etats-Unis diminuaient brutalement leurs importations en provenance de Chine, comme ils s'apprêtent à le faire aujourd'hui, le PIB et l'emploi chinois seraient certes affectés mais ceux de ses fournisseurs - le Japon, la Corée, l'Union européenne et… les Etats-Unis - le seraient bien davantage encore.

Une des grandes surprises de la récession de 2008 a été la quasi-absence de réactions protectionnistes. Au regard de l'histoire, et les années 1930 sont là pour le rappeler, crise et repli sur soi sont souvent pensés comme concomitants. Mais le Monde a changé. Les secteurs autrefois les plus exposés à la concurrence internationale et donc les plus actifs dans le lobbying protectionniste, se sont restructurés en s'intégrant à la chaîne mondiale de valeur. Seules peut-être, la sidérurgie et l'agriculture ont entretenu leurs vieux réflexes. Pour l'automobile et même le textile-habillement, le recours au protectionnisme ne présente plus beaucoup d'intérêt. Il devient même contre-productif lorsqu'il conduit à taxer des biens intermédiaires qu'ils incorporent ou des biens finals qu'ils distribuent.

Aux Etats-Unis, les lobbies les plus actifs pour s'opposer à un durcissement du protectionnisme à l'égard des importations chinoises sont des firmes comme Apple. Lorsque le Président Trump menace de taxer les automobiles européennes, soi-disant pour protéger l'industrie américaine, c'est General Motors qui monte au créneau. Les gouvernements qui auraient pu avoir des tentations protectionnistes se confronteront ainsi à une impasse : s'ils taxent les importations de biens intermédiaires, ils en augmentent le prix et donc le coût du produit transformé chez eux. S'ils taxent le bien final, c'est non seulement le consommateur qui devra payer plus, mais c'est aussi pénaliser, même indirectement, les producteurs nationaux qui exportent des biens intermédiaires ou créent des filiales à l'étranger pour finaliser le bien.

Ainsi, taxer les importations d'iPhones, conduirait les Etats-Unis à taxer des composants américains d'abord exportés en Chine pour être incorporés ensuite dans les produits Apple assemblés à Shenzhen et finalement réimportés de … Chine !

C'est dire à quel point le virage protectionniste de Donald Trump est à contre-courant. À contre-courant d'une mondialisation qui a créé des réseaux et des interdépendances qui peuvent certes être dénoués, mais à des coûts exorbitants. À contre-courant aussi d'une conjoncture plus que favorable à l'Amérique. Même si le taux de chômage est un indicateur qui dissimule l'étendue du travail précaire ou à temps partiel, l'économie américaine aurait beaucoup de mal à produire elle-même ce qu'elle importait auparavant. Et certainement pas aux mêmes coûts…

Et pourtant, malgré les effets contre-productifs du protectionnisme, le Président américain a osé taxer à la fois des produits intermédiaires – acier, aluminium- au désavantage de l'industrie automobile, et en même temps les produits finals, l'automobile justement.

Les organisations internationales, de l'OMC à la Banque Mondiale, ont reconnu tardivement que leurs analyses étaient fondées sur des statistiques qui, sans être fausses, n'éclaireaient que d'un halo bien pâle les charmes de la nouvelle spécialisation, celle qui se disperse dans le Monde et qui fatigue les douaniers.

Les statistiques du commerce international en termes de valeur totale de production en non en termes de valeur ajoutée, conduisent, on l'a vu, à de nombreuses erreurs de diagnostic et d'analyse que Donald Trump n'est pas le seul à commettre. Ces chiffres sont néanmoins les seuls disponibles. Certes, des tentatives ont été réalisées pour construire de nouvelles bases de données qui évalueraient le commerce en valeur ajoutée où, par exemple, ne seraient considérées dans les exportations chinoises d'iPod que les 4 $ « ajoutés » et non les 150 $ « bruts » exportés. Des études de cas, des iPods aux … poupées Barbie, décrivent les étapes finales de la chaîne globale de valeur, mais s'arrêtent aux fournisseurs de l'usine d'assemblage. On connait la valeur et l'origine du disque dur Toshiba incorporé à l'iPhone, mais pas celle des composants nécessaires à sa fabrication. Mais surtout, ces études de cas ne permettent pas de remonter au niveau sectoriel ou macroéconomique. Aucun produit industriel ne dispose d'une traçabilité parfaite des biens qui franchissent les frontières, de la matière première extraite jusqu'au produit final exporté. Personne n'est en mesure d'identifier l'origine du lithium, incorporé dans les composants même si, comme nous le verrons, les douanes doivent de plus en plus fréquemment vérifier le respect de « règles d'origine » définies par les traités commerciaux et donc interroger l'origine de la valeur.

Reste une vieille méthode, mise au point par l'économiste américain, d'origine russe, Wassily Leontief pendant la seconde guerre mondiale, cauchemar des étudiants d'économie des années 1970 ou 80 et, par désespoir, un peu oubliée depuis. Son tableau d'« entrée-sortie » (« input-output ») permet d'affecter en ligne – les emplois - les biens produits par un secteur aux secteurs utilisateurs (par exemple, fourniture d'acier à l'industrie électronique) et aux emplois finaux (consommation, investissement, exportations). En colonne – les ressources - la valeur ajoutée et les importations sont ajoutées aux biens intermédiaires utilisés. À partir des données de ce tableau, la méthode consiste à inverser la « matrice » des biens intermédiaires afin de retrouver les quantités nécessaires pour satisfaire 1 € supplémentaire de demande finale. Sous l'hypothèse, que tous les types d'emplois finals, dont les exportations, utilisent les mêmes types et mêmes proportions de biens intermédiaires, dont une part est importée, il devient possible d'estimer le contenu en importations et en valeur ajoutée étrangère des exportations.

Ce tableau initialement limité à un pays peut être enrichi en superposant une décomposition géographique à la décomposition sectorielle. On construit ainsi un « tableau d'entrée-sortie » international isolant les contributions de chaque pays pour évaluer, par exemple, la part de la valeur ajoutée japonaise contenue dans les exportations chinoises. C'est la technique choisie par le programme conjoint TiVA (*Trade in Value Added*) de l'OMC et de l'OCDE. Néanmoins, si cette méthode constitue un progrès, ses hypothèses sont, et on le sait depuis longtemps, très restrictives comme la complémentarité des facteurs (1 unité de capital exige une certaine quantité fixe de travail), et les rendements constants (même quantité de facteurs pour une unité produite indépendamment du niveau de production). Le niveau d'agrégation sectoriel peut conduire à sous-estimer le contenu en importations des exportations tout comme l'hypothèse forte que les productions destinées à l'étranger auraient le même contenu en importations que les biens destinés au marché domestique. Or, la prolifération des zones franches d'exportations qui dédient leurs importations aux exportations, démentent cette hypothèse et rendent les données sur certains pays, particulièrement la Chine, peu réalistes en sous-estimant le contenu en importations des exportations. Malgré ce biais, l'évolution est néanmoins significative. D'après TiVA, le contenu en valeur ajoutée étrangère des exportations françaises serait passé de 17,3% en 1995 à 25,1% en 2011. Elle atteignait 41% pour l'équipement de transport.

Vers une démondialisation hégémonique ?

À la suite des performances de l'après-guerre, les économistes croyaient à une loi qu'ils expliquaient mal mais qui paraissait bien établie : la croissance du commerce mondial amplifie celle de la production mondiale. Le graphique ci-dessous (Figure 2) montre que depuis la crise de 2008, qui a vu le commerce s'effondrer, le commerce a nettement décroché de sa tendance quasi-séculaire.

Le ralentissement actuel du commerce international, qui est loin d'être un effondrement, signe-t-il une fin de partie voire un retour en arrière, une démondialisation rampante ? Certains s'en inquiètent, d'autres s'en réjouissent. Encore doit-on s'interroger sur cette évolution.

Figure 2 - Croissance comparée des exportations mondiales et du PIB mondial en volume depuis 1950 (indice 100 en 1950)

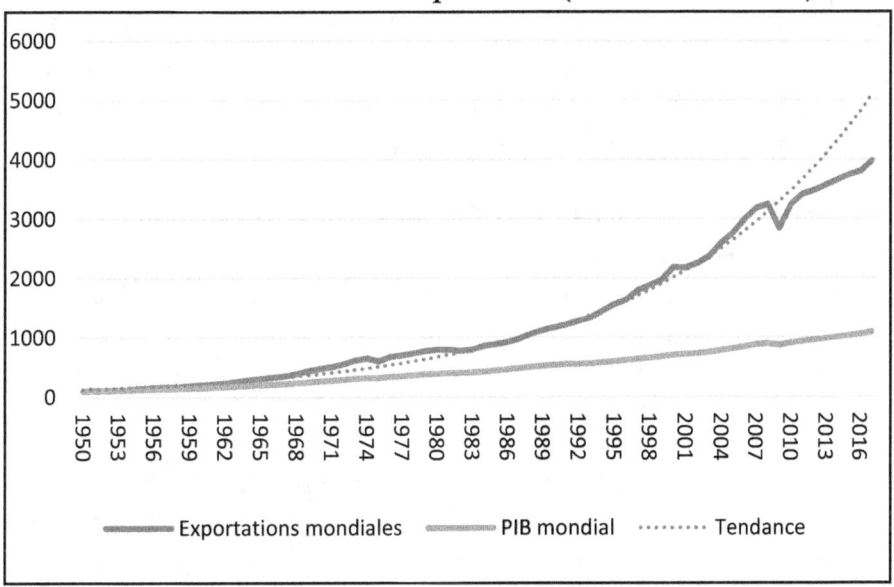

D'après les statistiques de l'OMC

Les explications ne manquent pas : ralentissement de l'économie mondiale, tensions protectionnistes, relocalisations, hausse des coûts de transport...

La mondialisation a été portée par l'approfondissement d'une spécialisation verticale des chaines de valeurs mondiales ce qui a d'ailleurs conduit à surestimer son ampleur. Pourtant, l'allongement et l'éparpillement des chaînes de production ne peut se prolonger à l'infini. Les délocalisations les plus évidentes ont été réalisées Celles qui pourraient l'être encore se heurtent plus souvent à des problèmes de coordination ou aux incertitudes. Dissocier la conception et la production n'est pas sans inconvénient. L'impossible traçabilité réserve parfois de mauvaises surprises sur la nature et la qualité des composants.

Comme le prévoyait la théorie, si les salaires ont stagné dans les pays industriels, ils ont augmenté, parfois fortement, dans les pays émergents et tout particulièrement en Chine qui perd donc en compétitivité. Longtemps pays d'accueil des firmes multinationales, la Chine tend même à devenir un pays investisseur dans des pays asiatiques ou africains qui sont, à leur tour, devenus plus compétitifs. Elle n'est plus la locomotive qui, dans les années 2000, avait tiré la croissance et le commerce.

La responsabilité des accords commerciaux dans la stagnation relative du commerce peut sembler paradoxale. Ne sont-ils pas censés étendre et diffuser le libre-échange ? C'est oublier que le GATT, puis l'OMC furent construits pour accompagner la libéralisation « multilatérale » des échanges et ainsi éviter les accords « bilatéraux » qui, dans les années 1930, avaient partitionné le Monde en blocs protectionnistes.

Nous n'en sommes évidemment pas là. Mais la pétition de principe selon laquelle les traités « bilatéraux » de libre- échange accroissent le commerce mondial, critiquable d'un point de vue théorique pourrait l'être tout autant d'un point de vue empirique. En effet, la moitié des accords commerciaux notifiés à l'Organisation Mondiale du Commerce (OMC) ont été mis œuvre depuis moins de dix ans. Ils commencent à produire leurs effets quand justement, la croissance du commerce mondial se ralentit. Nous développerons plus tard les causes de cet apparent paradoxe qui vont au-delà des théories traditionnelles. En effet, si les traités signés depuis une dizaine d'années, libéralisent le commerce - mais uniquement entre les membres - ils introduisent aussi des dispositions protectrices, notamment sur les normes ou les marques. Mais les dispositions les plus protectionnistes résident dans les règles d'origine, c'est-à-dire dans l'obligation d'incorporer suffisamment de valeur des pays partenaires pour bénéficier des exonérations douanières. En d'autres termes, elles contraignent la mondialisation des chaînes de valeur qui avait jusqu'à maintenant tiré l'expansion du commerce international[17].

Jusqu'à l'élection de Donald Trump et sa prise de fonction en janvier 2017, le Monde n'avait pas connu de tensions protectionnistes significatives malgré toutes les craintes et mises en garde exprimées à la suite de la grande récession de 2008. Et finalement, c'est lorsque l'économie américaine connait une reprise que Donald Trump lance une guerre commerciale à l'encontre des pays jugés trop menaçants : Europe, Chine, Japon et même Canada.

La politique commerciale américaine initiée par Donald Trump est non seulement protectionniste, elle vise aussi à relocaliser aux Etats-Unis des segments de la chaîne de la production dispersés dans le Monde. La renégociation de l'ALENA, qui traite de libre-échange avec le Canada et le Mexique a essentiellement porté sur les règles d'origine dans l'industrie automobile qui garantiront aux Etats-Unis une part plus grande de la valeur des biens importés du Canada ou du Mexique et donc… une part plus faible pour les Européens et la Chine.

Le grand retour du protectionnisme américain et la montée des mouvements populistes conduiront-ils à une démondialisation entendue comme une régression du commerce international ? Briser les réseaux mondiaux de production pour rapatrier les activités délocalisées serait alors extrêmement couteux ce qui rend l'hypothèse improbable. Démondialisation brutale, sans doute pas. Tassement de la croissance des exportations telles que les appréhende un appareil statistique défaillant ? C'est possible.

3. L'Europe commerciale

Dès son origine, l'Europe communautaire fait le choix d'une politique commerciale unifiée et cohérente avec la stratégie de ses pères fondateurs : pacifier et unifier l'Europe par l'économie en général et par l'échange en particulier. L'Union douanière sera achevée le 1er juillet 1968. À cette date, les droits de douane et les restrictions quantitatives entre les six États fondateurs sont abolis, et un « tarif douanier commun » vis-à-vis des pays tiers est introduit. Ainsi les marchandises importées par un pays membre supporteront les mêmes droits ou les mêmes limites quantitatives qu'elles entrent au Havre, à Gênes ou à Rotterdam. Mais le Traité de Rome de 1957 va plus loin qu'une Union douanière qui pourrait se limiter aux biens. L'Europe sera aussi un Marché commun à l'intérieur duquel pourront circuler librement non seulement les marchandises, mais aussi les services, les hommes et les capitaux. Les « quatre libertés » de l'Acte unique européen entreront en vigueur le 1° juillet 1987 dans une Communauté européenne qui compte alors 12 membres [18].

Le choix de l'intégration : la compétence exclusive

L'article 110 du Traité instituant la Communauté économique européenne signé à Rome le 25 mars 1957 stipule : *« En établissant une union douanière entre eux, les États membres entendent contribuer, conformément à l'intérêt commun, au développement harmonieux du commerce mondial, à la suppression progressive des restrictions aux échanges internationaux et à la réduction des barrières douanières. »*

Quant à l'article 113, il fait de la politique commerciale un domaine communautaire.

« 1. Après l'expiration de la période de transition, la politique commerciale commune est fondée sur des principes uniformes notamment en ce qui concerne les modifications tarifaires, la conclusion d'accords tarifaires et commerciaux, l'uniformisation des mesures de libération, la politique d'exportation, ainsi que les mesures de défense commerciale, dont celles à prendre en cas de dumping et de subventions.

2. La Commission, pour la mise en œuvre de cette politique commerciale commune, soumet des propositions au Conseil.

3. Si des accords avec des pays tiers doivent être négociés, la Commission présente des recommandations au Conseil qui l'autorise à ouvrir les négociations nécessaires. Ces négociations sont conduites par la Commission en consultation avec un Comité spécial désigné par le Conseil. »

La politique commerciale relève donc de la « compétence exclusive » de l'UE qui pourra parler d'une seule voix sur la scène internationale, au GATT puis à l'OMC.

Le traité de Lisbonne, entré en application en 2009 transforme la Communauté européenne en Union Européenne. Les articles 206 et 207 affirment l'option libre-échangiste et multilatéraliste de l'Europe : « *l'Union contribue, dans l'intérêt commun, au développement harmonieux du commerce mondial, à la suppression progressive des restrictions aux échanges internationaux et aux investissements étrangers directs, ainsi qu'à la réduction des barrières douanières et autres* ».

Le Traité de Lisbonne confirme la compétence exclusive de l'Union Européenne dans l'union douanière et la politique commerciale commune[19] qui inclut l'adoption des traités commerciaux, principalement des traités de libre-échange avec des pays tiers. Si « *Pour la négociation et la conclusion des accords … le Conseil statue à la majorité qualifiée* », dans les domaines du commerce de services et des aspects commerciaux de la propriété intellectuelle, ainsi que des investissements étrangers directs, le Conseil statue à l'unanimité lorsque l'accord comprend des dispositions pour lesquelles l'unanimité est requise pour l'adoption de règles internes.

Le Conseil statue également à l'unanimité pour la négociation et la conclusion d'accords commerciaux : a) dans le domaine du commerce des services culturels et audiovisuels, lorsque ces accords risquent de porter atteinte à la diversité culturelle et linguistique de l'Union; b) dans le domaine du commerce des services sociaux, d'éducation et de santé, lorsque ces accords risquent de perturber gravement l'organisation de ces services au niveau national et de porter atteinte à la responsabilité des États membres pour la fourniture de ces services (article 207 : 4). Certains secteurs, comme le transport, sont cependant exclus de la politique commerciale et donc de la compétence exclusive de l'Union.

Le Traité de Lisbonne donne au Parlement européen un rôle équivalent au Conseil de l'UE pour définir le cadre dans lequel est mise en œuvre la politique commerciale. Le Parlement européen voit certes ses compétences élargies mais c'est la Commission européenne qui mène la danse. Elle doit aussi consulter le « Comité de Politique Commerciale » qui comprend des représentants des États membres et de la Commission européenne. Le Parlement européen doit également être tenu régulièrement informé de l'état d'avancement des négociations à l'issue desquelles les accords sont, signés et ratifiés par le Conseil de l'UE. Ils nécessitent aussi l'approbation du Parlement européen, ce qui n'était pas le cas avant le Traité de Lisbonne.

L'Europe ouverte à tous les vents de la concurrence internationale ?

Le multilatéralisme d'après-guerre n'est pourtant pas au cœur du projet européen. D'une certaine manière, il s'y oppose puisque l'Europe s'est construite autour du concept de « préférence communautaire », inspiré des « préférences impériales » britanniques.

Le Traité de Rome commence à être mis en œuvre à une période où les droits de douane restent partout élevés. Le fait d'en exonérer les pays membres a donc un impact important sur le commerce intra-européen « préféré » au commerce avec le reste du Monde. Pour les autres pays, à commencer par les Etats-Unis, la Communauté européenne est alors vue comme un bloc fermé aux importations.

Mais, au fur et à mesure qu'au gré des négociations multilatérales, les droits de douane s'abaissent partout dans le Monde, cette préférence communautaire s'estompe pour se cantonner finalement à certains produits ou certains secteurs comme l'agriculture.

Même si en s'ouvrant au Monde, la préférence communautaire s'affaiblit, le discours selon lequel l'Union Européenne serait le seul territoire « *ouvert à tous les vents de la concurrence mondiale* » a été, et reste, très souvent tenu par les politiciens populistes pour dénoncer son « libre-échangisme » et ses effets supposés néfastes sur l'emploi. En réalité, ce sentiment d'être l'« idiot », le *nice guy*, de la mondialisation s'exprime à peu près partout dans le Monde car les protectionnistes sont toujours les autres. Le populisme se nourrit de cette croyance partagée et contradictoire, aux Etats-Unis, comme en Europe.

Mais tout le Monde ne peut avoir raison : l'Europe ne peut être moins protectionniste que les Etats-Unis qui seraient eux-mêmes moins protectionnistes que l'Europe... C'est bien pourtant cet outrage à la commutativité qui assourdit nos oreilles.

Les pays de l'Union Européenne sont individuellement membres de l'OMC et, cas unique, l'Union Européenne l'est aussi. Du fait de la compétence exclusive de l'Union, le véritable interlocuteur de l'OMC est la Commission européenne et, plus précisément son ou sa commissaire chargée du Commerce.

Comme tous les pays membres de l'OMC, l'Union Européenne conserve des protections, tarifaires ou non tarifaires dont les niveaux et la nature sont négociés à l'occasion des négociations multilatérales (*rounds*). Selon le traitement de la nation la plus favorisée elles doivent s'appliquer à tous avec les mêmes modalités... sauf, le cas échéant aux pays en développement ou aux pays qui bénéficient d'accords commerciaux. Ainsi, pour répondre demain aux menaces américaines, l'Union Européenne ne pourra pas abaisser ses droits de douane sur l'automobile au seul bénéfice des Etats-Unis sauf à négocier un accord de libre-échange. Soit elle les abaisse pour tous les pays dans la même situation –la Chine, l'Inde...- soit pour aucun.

Une fois les « concessions » formalisées à l'OMC et les grilles tarifaires communiquées, les pays membres ne pourront plus pratiquer une politique plus restrictive. Mais rien ne les empêchera de s'ouvrir davantage. De fait, la plupart des pays émergents imposent un droit de douane très inférieur au droit maximum (dit « droit consolidé") déclaré à l'OMC. Ainsi, l'Inde pourrait appliquer un droit moyen de 50%, mais n'applique que 15% ce qui, d'ailleurs, représente une véritable épée de Damoclès sur le commerce mondial : les pays émergents pourraient augmenter très fortement leurs droits de douane sans renier leurs engagements consignés à l'OMC.

Tous les pays se protègent, mais pas de la même façon. Il est donc toujours facile de prendre à défaut un pays sur tel ou tel secteur ou tel ou tel produit. En règle générale, les pays développés se protègent moins que les pays en développement. Par ailleurs, ils préfèrent ouvrir davantage leur industrie pour mieux abriter leur agriculture et des secteurs industriels matures ou déclinants (textile, acier, …) ; c'est souvent l'inverse dans les pays en développement. La figure ci-dessous (Figure 3) montre que les droits de douane moyens de l'Union Européenne sont certes plus faibles que ceux des pays émergents comme la Chine ou le Vietnam mais plus élevés que ceux d'autres pays industriels et de villes-État comme Singapour et Hong Kong.

Figure 3 - Moyenne des droits NPF* appliqués (en %, 2017)

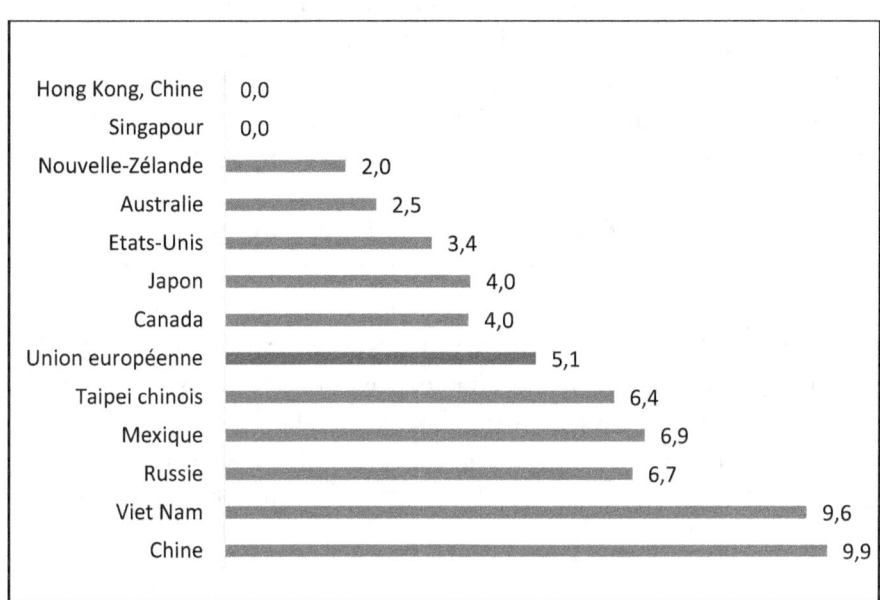

*NPF : *nation la plus favorisée. Taux appliqués aux pays qui ne bénéficient pas d'un régime préférentiel.*

Source : OMC

Il est vrai que les accords commerciaux signés par l'Union européenne avec un certain nombre de pays émergents (Turquie, Mexique, Corée, …) ouvrent davantage le marché communautaire aux importations. Mais en contrepartie, les marchés des partenaires s'ouvrent aux exportations européennes...

Cette moyenne cache néanmoins des disparités importantes. Les droits de douane appliqués par l'Union Européenne dans l'agriculture, notamment dans l'alimentation animale, les oléagineux, les boissons ou le sucre peuvent dépasser 100 %. Il est vrai que, dans ces secteurs, les tarifs sont plus élevés encore dans des pays développés comme la Norvège, la Suisse, la Corée du Sud ou le Japon. Dans le textile et l'habillement, les droits européens moyens sont de 12% et de 17% dans le cuir.

Mais au-delà de cette protection négociée, transparente et prévisible, l'OMC ouvre la possibilité à ses membres de prendre des mesures dites de « protection conditionnelle » rebaptisées par l'Union européenne « instruments de défense commerciale ». Les pays peuvent les utiliser comme ils l'entendent dès lors qu'ils respectent les conditions imposées par les accords administrés par l'OMC sur l'anti-dumping, les mesures compensatoires contre les subventions ou les clauses de sauvegarde.

L'organisation n'instruit pas ces affaires et les mesures prises par les pays doivent être davantage comprises comme des « compensations » que comme des « sanctions ». Dans ce cadre, si les pays ont la possibilité d'appliquer un droit supplémentaire sans l'aval de l'organisation, ils doivent lui notifier semestriellement les enquêtes ouvertes et les mesures adoptées. Mais surtout, si les pays exportateurs considèrent que les conditions imposées par les textes ne sont pas respectées, ils peuvent porter plainte auprès de l'OMC dans le cadre de sa procédure de règlement des différends.

Dans la pratique les firmes victimes de pratiques qui relèvent de ces protections conditionnelles peuvent saisir l'administration compétente qui instruit la plainte. Dans l'Union Européenne, les enquêtes préliminaires, sont menées par la Direction Générale du Commerce et donc par la Commission européenne. Concrètement, celle-ci examine les éléments de preuve présentés par les plaignants et prend la décision d'ouvrir une enquête. Si les données sont suffisantes et si l'intérêt de l'Union nécessite une action rapide, des mesures provisoires peuvent être adoptées. Elles seront ensuite confirmées ou non par des mesures définitives.

La France ne peut pas décider seule d'imposer ce type de droit ce qui serait d'ailleurs contradictoire avec l'Union douanière qui impose aux pays membres de prélever les mêmes droits sur les importations des pays tiers. A fortiori, elle ne peut pas non plus en imposer à une firme localisée en Allemagne ou dans tout autre pays de l'Union. Entre pays membres, les « déloyautés » éventuelles doivent être réglées en son sein au titre, par exemple, des politiques de la concurrence où le dumping deviendrait un « prix prédateur ». Mais, à l'inverse, rien n'empêche un pays tiers - la Chine ou les Etats-Unis - d'imposer un droit antidumping spécifiquement à des firmes installées en France ou dans tout autre pays de l'Union.

La « protection conditionnelle » réglementée par l'OMC, permet ainsi d'infliger des droits antidumping aux importations dont le prix est jugé anormalement bas risquant ainsi d'évincer la production nationale[20]. Les textes de l'OMC imposent néanmoins trois conditions.

La première est de ... démontrer le dumping, défini comme la vente sur le marché intérieur à un prix inférieur à la « valeur normale ». C'est un concept flou qui se réfère généralement au prix sur le marché du pays exportateur. Si cette comparaison n'est pas possible, les enquêteurs peuvent se fonder sur le prix constaté sur un marché tiers ou sur les coûts de production. De fait, selon les méthodes utilisées, la « valeur normale » et le prix sur le marché d'importation peuvent donner des évaluations très différentes.

La seconde condition porte sur le montant même du droit antidumping qui s'ajoutera au droit ordinaire : il ne doit pas dépasser la marge de dumping, différence entre le prix d'exportation et la « valeur normale ». Les pays qui veulent protéger une branche de production ont alors intérêt à trouver l'écart le plus grand possible pour imposer le droit le plus élevé possible.

La troisième condition est l'existence d'un préjudice important pour une branche nationale. Il faut ainsi démontrer que le dumping provoque un afflux d'importations qui la menace ou qui provoque un effondrement des prix.

Les pays peuvent également sanctionner les importations qui ont bénéficié d'une subvention dans leur pays d'origine[21]. Cette fois encore, il faut prouver son existence. Son montant fixera une limite au droit « compensateur » qui pourra être appliqué si un préjudice est avéré.

Enfin, un troisième instrument, les clauses de sauvegarde, maintient l'obligation de démontrer le préjudice pour une branche de l'économie nationale sans être pourtant associée à un comportement déloyal des firmes ou des pays exportateurs comme le sont le dumping ou les subventions[22].

En ce qui concerne l'Union Européenne, différents règlements communautaires définissent alors l'usage de ces instruments de défense commerciale dans le cadre des règles définies à l'OMC.

De fait, ce sont surtout les droits antidumping qui sont utilisés. Les cas sont plus faciles à démontrer que les subventions et permettent de cibler non seulement un pays, mais aussi les firmes exportatrices qui peuvent se voir imposer des droits différents si leurs pratiques le sont ou si elles collaborent aux enquêtes. Au contraire, les clauses de sauvegarde ne permettent pas ce ciblage. Elles doivent même respecter le principe de non-discrimination et protéger une branche de toutes les importations du produit considéré, d'où qu'elles viennent. Enfin, les pays exportateurs pénalisés pas ces clauses de sauvegarde, peuvent exiger des compensations notamment sous la forme d'abaissements de droits pour d'autres produits.

Les mesures antidumping et antisubventions sont instituées pour une durée de cinq ans et reconductibles sur la base d'une enquête de réexamen.

Les mesures de sauvegarde peuvent être imposées pour une période de 4 ans reconductible. Jusqu'à maintenant, elles ont été très rarement utilisées par l'UE même si la guerre de l'acier et de l'aluminium déclenchée au printemps 2018 par le Président Trump pourrait redonner un certain lustre à cet instrument que, pour leur part, les Etats-Unis utilisent plus volontiers.

Si la défense commerciale relève bien de la compétence exclusive de l'Union, les décisions sont adoptées par le Conseil après consultation du Comité des instruments de défense commerciale, composé de représentants de tous les États membres. L'imposition d'une mesure définitive ainsi que la modification ou l'extension de mesures existantes, exigent un vote à la majorité qualifiée qui s'impose à la Commission. Les recours possibles sont la Cour de Justice de l'Union européenne (CJUE) et, bien entendu, l'Organe de Règlement des Différends (ORD) de l'OMC.

L'usage de ces instruments de défense commerciale par l'UE apparait assez bridé. La majorité qualifiée est loin d'être acquise et les pays les mieux disposés quant à leur usage, comme la France, se heurtent fréquemment aux réticences, voire à l'opposition, des pays plus libéraux à commencer par la Grande-Bretagne dont le départ pourrait faciliter leur usage.

Les règlements de l'Union Européenne vont parfois au-delà des exigences de l'OMC. Ils ajoutent ainsi une condition qui semble relever du bon sens mais qui conforte l'argumentation des pays les plus libre-échangistes de l'UE : les mesures adoptées - droits anti-dumping -, droits compensatoires ou clauses de sauvegarde- ne doivent pas être contraires aux intérêts des importateurs, des utilisateurs du produit ou des consommateurs. Appliquée au pied de la lettre, cette condition pourrait rendre impossible la mise en œuvre des instruments de défense commerciale car, par définition, les droits nuisent nécessairement aux uns ou aux autres. Mais c'est aussi parce que cette condition est trop générale qu'elle peut être aisément oubliée. De fait, l'Union Européenne a été depuis 1995 le troisième utilisateur de droits antidumping derrière l'Inde et juste après les Etats-Unis.

Inquiète de la concurrence chinoise et peut-être soulagée de l'affaiblissement post-Brexit de la Grande-Bretagne, l'Union Européenne s'est engagée dans une réforme de ses instruments qui vise à les durcir. Pour calculer la marge de dumping, elle tiendra compte des distorsions sur les prix et les coûts de production introduites par les interventions publiques. Même si la Commission s'en défend (mollement) c'est la Chine qui est visée et, accessoirement, l'état de surproduction d'acier imputée à la politique gouvernementale qui pousse au de dumping. Ainsi, au lieu de se baser sur les prix intérieurs ou sur les coûts de production chinois, l'Union Européenne pourra se référer aux prix et aux coûts d'un pays tiers ayant

« *un niveau de développement économique similaire* » ce qui laissera un plus grand pouvoir discrétionnaire à la Commission.

Par ailleurs, si l'OMC exige que le droit ne dépasse pas la marge de dumping, différence entre le prix à l'exportation et la valeur normale, l'Union Européenne, toujours sous la pression de ses membres les plus libéraux, applique la règle du « droit moindre », celui qui suffit à annuler le préjudice avant d'atteindre son niveau maximal autorisé par l'OMC. Si les Etats-Unis, qui n'appliquent pas cette règle, et l'Union européenne ont tous les deux imposés des droits antidumping aux exportateurs d'acier chinois, les importations américaines ont ainsi été bien plus taxées que les importations européennes.

Depuis le 8 juin 2018, l'Union Européenne pourra taxer un produit importé au-delà du « droit moindre » si une matière première ou une énergie ayant concouru à au moins 17% de son coût de production a bénéficié d'une distorsion de concurrence due aux interventions de l'État. La taxe pourrait alors atteindre le niveau maximal de la « marge de dumping ». Par ailleurs, la « valeur normale » intégrera une marge commerciale de 6% et l'Union Européenne sera la première à introduire ce que l'OMC ignore, le préjudice causé par le non-respect des normes sociales et environnementales ce qui, tout en respectant la règle du « droit moindre », permettra d'élever le montant du droit antidumping ou antisubventions. Implicitement, les termes de « dumping social » ou de « dumping environnemental » largement considérés comme inappropriés par les économistes, deviennent un élément du « dumping » tout court et la Commission n'acceptera plus d'engagements en matière de prix, qui souvent permettent d'éviter de recourir aux droits antidumping, de la part de pays où le respect des normes fondamentales de l'Organisation Internationale du Travail (OIT) et des accords environnementaux laisseraient à désirer. Les syndicats pourront être associés aux enquêtes de défense commerciale qui seront raccourcies. Les effets de cette réforme récente restent néanmoins à évaluer…

D'une manière très contestable, ces instruments de défense commerciales sont généralement rangés dans la catégorie des Barrières Non Tarifaires (BNT) alors même qu'ils prennent la forme de … tarifs.

Mais au-delà des droits de douane, transparents, vérifiables et plafonnés par les engagements de chaque membre, les pays peuvent utiliser d'autres types d'instruments moins repérables et qui affectent le commerce. Les classements internationaux en repèrent près deux cents. Ils incluent notamment la propriété intellectuelle, les contrôles de prix, la distribution et la concurrence, les investissements.

L'OMC est plus restrictive et distingue :

- Les restrictions quantitatives, comme les quotas, qui limitent la quantité ou la valeur des marchandises importées et les contingents tarifaires (droits de douane réduits jusqu'à un certain volume d'importations).
- Les normes sanitaires ou phytosanitaires (SPS) justifiées pour protéger la santé ou l'environnement mais qui peuvent tout aussi bien être utilisées à des fins protectionnistes. Cette ambivalence a souvent conduit à des différends lorsque les normes étaient jugées par les pays exportateurs trop sévères avec des preuves scientifiques contestées (par exemple, condamnation de l'interdiction européenne d'importer de la viande de bœufs susceptibles d'avoir reçu des hormones de croissance). À l'inverse, la société civile, attachée au « principe de précaution », qui est loin d'être reconnu pas tous les pays, les juge trop exposées à la pression des firmes multinationales. L'accord SPS du traité de Marrakech qui devait arbitrer entre ces points de vue s'est souvent révélé ambigu.
- Les obstacles techniques au commerce, notamment les normes de sécurité, de qualité ou d'étiquetage.
- Les subventions accordées spécifiquement aux exportations et en principe très réglementées par les textes de l'OMC[23].
- Les protections conditionnelles vues précédemment avec une mention spéciale pour les « clauses de sauvegarde spéciales » qui ne relèvent pas du texte général mais spécifiquement du traité sur l'agriculture.

L'impossibilité de quantifier sérieusement les barrières non tarifaires incite à la prudence. Le tableau ci-dessous (Tableau 1) chiffre le nombre de mesures en vigueur dans les quatre plus grandes puissances commerciales (part dans les exportations mondiales) indépendamment de leurs effets sur le commerce.

Tableau 1 – Nombre de barrières non tarifaires dans les quatre plus grandes puissances commerciale au 31 décembre 2018

	Union Européenne	Etats-Unis	Japon	Chine
Sanitaire et phytosanitaires	707	3041	610	1256
Obstacles techniques au commerce	1248	1630	845	1295
Restrictions Quantitatives	18	59	85	42
Contingents tarifaire	87	52	18	10
Subventions à l'exportation	20	13		
Antidumping	131	393	9	115
Compensatoires	19	131		5
Sauvegardes		2		1
Sauvegardes spéciales (agriculture)	71	496	173	
Entreprises commerciales d'État	1	4	4	171
Total	2302	5821	1744	2895

Source : OMC, I-TIP-portal ;

Il apparaît que le Japon semble faire moins souvent usage des mesures non-tarifaires que les autres grandes puissances commerciales. L'Union Européenne est dans la moyenne. Si la Chine reste dans le même ordre de grandeur, ce sont les Etats-Unis qui, des quatre plus grands exportateurs, en seraient les premiers utilisateurs ce qui contredit la thèse du *nice guy* défendue par Donald Trump….

L'Europe, n'est pas une forteresse comme le craignaient les Etats-Unis et comme l'affirment encore parfois les autres pays. Mais l'Europe n'est pas non plus cette vaste plaine ouverte aux vents polaires de la concurrence internationale à coup sûr déloyale, comme le proclament les eurosceptiques et les populistes. Elle n'a aucune leçon à recevoir de ses partenaires commerciaux, mais elle n'a pas à en donner non plus.

L'Europe avait fait ses choix qui peuvent être discutés et qui sont sans doute datés aujourd'hui : protéger une agriculture vulnérable qui, si elle s'ouvrait à la concurrence internationale, n'assurerait pas un niveau décent de revenu à ses producteurs et une plus grande dépendance alimentaire, en contradiction avec les objectifs de la Politique Agricole Commune (PAC) mise en place au début des années 1960. Mais la contrepartie a été d'ouvrir davantage une industrie dont on estimait, à tort ou à raison, qu'elle résisterait mieux. C'était aussi un compromis interne à l'Europe : plus de libéralisme dans l'industrie et les services pour satisfaire la Grande-Bretagne et les pays du Nord européen, et maintien d'une protection dans l'agriculture et l'industrie traditionnelle pour répondre aux exigences de la France, des pays du Sud et, souvent, de l'Allemagne.

Les instruments de défense commerciale permettent néanmoins de limiter les effets de la compétition internationale sur l'industrie européenne. Faut-il faire davantage ? La réforme des règlements européens le permet … si les pays membres le souhaitent. L'évaluation cas par cas est nécessaire.

Si l'afflux d'importations heurte les industries concernées, les mesures de protection pénalisent les consommateurs lorsque le bien concerné est un bien final. Pour les libéraux, opposés à ces instruments considérés comme protectionnistes - et ils le sont et doivent assumés comme tels - les consommateurs et les producteurs se trouveraient dans des situations opposées. Les premiers seraient trop nombreux et trop peu affectés individuellement pour se mobiliser contre ces droits qui les désavantagent alors que les seconds, l'industrie textile, par exemple, pourraient s'organiser et réclamer des mesures protectionnistes créatrices de substantielles rentes.

Cette approche, encore très répandue, est néanmoins d'un simplisme désolant. D'un côté, elle sous-estime le fait que les consommateurs sont aussi des travailleurs qui, inquiets pour leur propre emploi ou leur salaire, adhèrent à des mesures qui leur sont peut-être immédiatement défavorables comme consommateurs, mais qui les sécurisent et atténuent leur anxiété sur la pérennité de leur emploi et le maintien de leur salaire. De l'autre elle surestime la volonté des producteurs de se protéger. Le développement de chaine mondiale de valeur a rendu l'économie européenne plus dépendante des biens intermédiaires importés par de nombreuses industries, autrefois très protectionnistes, comme l'automobile ou le textile. Elles craignent aujourd'hui la taxation de leurs intrants qui mineraient leur profit et leur compétitivité. De fait, les exportateurs étrangers susceptibles d'être taxées, sont plus souvent des filiales de firmes européennes. L'industrie est donc aujourd'hui moins demandeuse de protections. L'automobile s'est même fait le héraut du libre-échange.: même importés, les biens peuvent contenir des composants produits en Europe et les taxer davantage reviendrait à taxer la valeur ajoutée européenne. Le droit de douane de 10% fixé il y a plus de vingt ans, à l'issue de l'Uruguay Round, leur suffit largement…

De fait, les mesures antidumping affectent moins les produits finals (habillement, électronique, …) que les biens intermédiaires. Le seul secteur des métaux de base représente à lui seul 40% des mesures prises par l'Union Européenne depuis 1995. Les conséquences économiques sont cette fois plus complexes. Les producteurs de métaux sont protégés, mais les utilisateurs (construction automobile, bâtiment…) voient le prix des biens intermédiaires augmenter. Les consommateurs risquent d'être pénalisés, et les entreprises utilisatrices verront leur compétitivité diminuer ce qui incitera d'ailleurs certains à se délocaliser… Enfin, les décideurs doivent affronter des conflits d'objectifs. Surtaxer les panneaux solaires chinois dans l'espoir très hypothétique de voir émerger une industrie européenne compétitive ne fait que ralentir la transition énergétique…

Les instruments de défense commerciale et, le plus important d'entre eux, le droit antidumping, sont des instruments parfois utiles pour réguler un marché ou lancer un signal aux pays et aux firmes étrangères. Mais, pas plus que les instruments traditionnels de la protection, ils ne constituent la panacée.

L'Europe et les pays en développement

À la signature du Traité de Rome, l'Europe est encore coloniale. Quelques années plus tard, le processus de décolonisation s'achève. Mais les anciens colonisateurs laissent ces pays dans un terrible état de sous-développement économique et de vide institutionnel. Parallèlement, les pays du Tiers-Monde, comme on les appelle alors, se prévalent de leur retard et de la domination des pays riches pour réclamer un traitement différencié. De fait, la part des pays en développement dans le commerce ne cesse de régresser. Comme le montre le graphique ci-dessous (figure 4), la part des pays en développement ne retrouve leur faible niveau de 1960 (25% des exportations mondiales) que 45 ans plus tard...

Dans les années 1960 s'était imposée l'idée que les règles du commerce international n'étaient pas adaptées à la situation des pays en développement. La première Conférence des Nations Unies sur le Commerce et le Développement (CNUCED) se tient à Genève en 1964 et devient une instance intergouvernementale de dialogue et de négociations Nord-Sud qui vise à favoriser l'émergence d'un « Nouvel ordre économique international ». Son ambition est d'amender l'ordre d'après-guerre dominé par les anciens pays industriels capitalistes. Il s'agit alors d'obtenir pour les pays en développement un « Traitement Spécial et Différencié » (TSD) c'est-à-dire des dérogations et des flexibilités dans l'application des règles de l'OMC quitte à remettre en cause les principes de non-discrimination et de réciprocité. Les pays en développement pourront ainsi conserver des droits de douane élevés ou bénéficier de périodes plus longues pour la mise en œuvre des accords (par exemple pour l'accord sur la propriété intellectuelle). Ils bénéficieront de mesures spécifiques et de soutiens financiers et techniques.

Figure 4 - Part des groupes de pays dans les exportations mondiales selon leur niveau de développement (1960 – 2016)

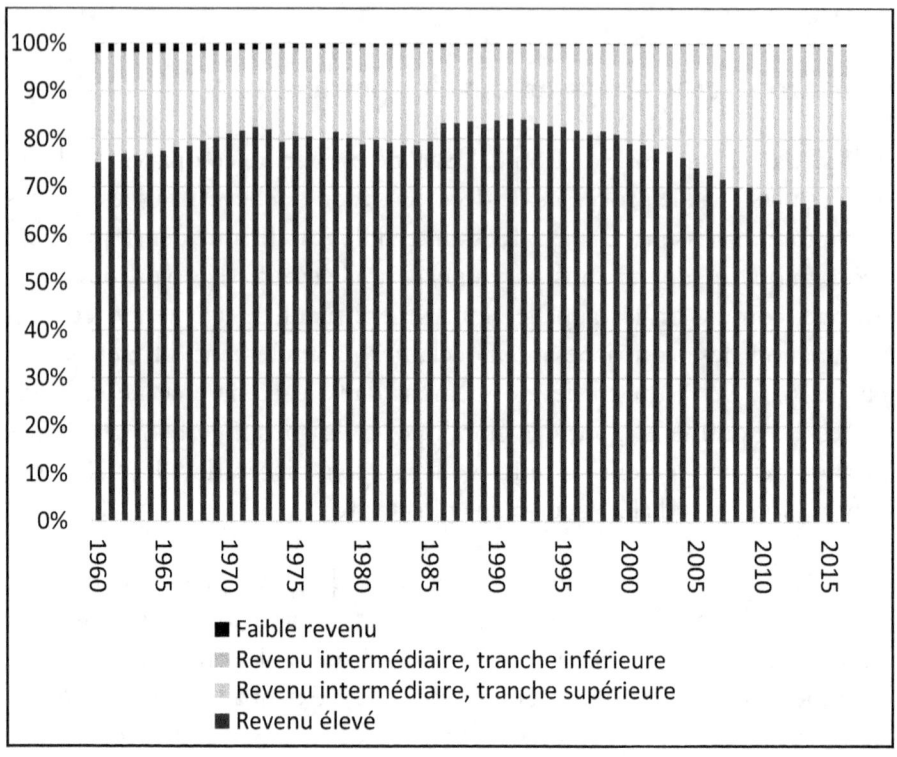

Source : Banque Mondiale

À l'OMC, il n'existe pourtant pas de définition des pays « en développement ». Chacun a donc la possibilité de se déclarer « en développement », mais les autres Membres peuvent contester son droit de recourir aux bénéfices du « traitement spécial et différencié ». Dans les faits, environ les deux tiers des membres de l'OMC se sont déclarés en développement, dont la Chine qui se voit aujourd'hui contester ce statut.

Lors du Tokyo Round (1973-1979) une nouvelle dérogation au principe fondateur de la clause de la nation la plus favorisée est validée : le Système de Préférences Généralisé (SPG) qui permet aux pays développés (dits pays donateurs) d'appliquer des droits de douane plus bas, souvent nuls, à

70

certains produits en provenance des pays en développement et sans exigence de réciprocité. Les pays bénéficiaires conservent ainsi leurs droits de douane mais les pays avancés déterminent unilatéralement les produits favorisés sans qu'il soit donc nécessaire de négocier. La « Clause d'habilitation » est, dans le jargon de l'organisation, la disposition juridique qui permet de s'affranchir du traitement de la nation la plus favorisée au profit des pays en développement.

Le système repose donc sur un unilatéralisme peu conforme aux principes initiaux du multilatéralisme. Les pays qui accordent les préférences déterminent les pays et les produits bénéficiaires. Ils ont ainsi la possibilité d'en exclure certains.

Ainsi, l'Union Européenne a pu définir son système de préférence et propose trois régimes :

1. Le régime SPG « général » bénéficie à tous les pays en développement définis comme les pays ... ne figurant pas dans la catégorie des pays à revenus élevés ou à revenus intermédiaires—tranche supérieure (classement de la Banque Mondiale) pendant 3 années consécutives. Au 1er janvier 2018, 17 pays bénéficiaient de ce régime.
2. Le régime « SPG + », qui propose des préférences nouvelles aux pays répondant à des critères de sélection et de conditionnalités stricts notamment le respect de conventions internationales relatives aux droits de l'homme, aux normes de travail et à l'environnement.
3. Le régime « tout sauf les armes » (TSA) prévoit l'accès des pays les moins avancés (PMA) au marché européen, en franchise de droits et sans quota pour tous les produits, à l'exception des armes et munitions.

Par ailleurs, dès 1963, l'accord de Yaoundé établissait une première coopération entre des pays d'Afrique, des Caraïbes et du Pacifique (ACP), anciennes colonies ou territoire d'outre-mer des pays de la Communauté européenne, la plupart francophones.

En 1972, le Royaume-Uni entre dans la Communauté Européenne. Un des obstacles à l'adhésion fut celui qui, dans les années 1940, avait tendu les relations avec les Etats-Unis : l'héritage des « préférences impériales ». L'accord de Lomé I, signé en 1975, suivi de quatre autres (1975-2000) permet d'intégrer des pays du Commonwealth dans le programme de coopération de la Communauté européenne. Comme le SPG, il accorde des préférences non-réciproques, spécifiques aux pays ACP qui incluent maintenant des pays anglophones. Les « protocoles commerciaux » qui créent notamment des contingents tarifaires (exonération de droits jusqu'à un certain quota) pour les bananes et des prix garantis pour le sucre. L'accord introduit également le STABEX, un mécanisme qui propose aux pays ACP une compensation pour les pertes de recettes d'exportation liées à la fluctuation des prix. Quant à lui, le SYSMIN aide les pays confrontés à un recul de leurs exportations minières. L'accord de Cotonou (2000) élargit le partenariat entre l'Union Européenne et les 79 pays ACP. Entré en application en 2005 il est révisable tous les cinq ans et introduit une multitude de sujets qui vont bien au-delà du commerce et même du partenariat économique : l'aide au développement, la coopération politique, la sécurité, la pêche, la lutte contre le SIDA, le changement climatique, etc. Les aides et avantages sont conditionnés au respect de l'État de droit. Signé pour vingt ans, l'accord de Cotonou expirera en 2020.

À la suite d'une plainte déposée en 1995 à l'OMC par des états d'Amérique centrale à laquelle s'étaient joints les Etats-Unis, l'organisation commune de marché de la banane est condamnée car elle accorde des préférences aux seuls pays ACP, notamment au Cameroun et à la Côte d'Ivoire. Dans la mesure où elle exclut certains pays de manière injustifiée, l'UE ne peut se prévaloir du SPG pour justifier ses préférences. De plus, la non-réciprocité empêche de considérer les accords de Lomé-Cotonou comme des traités de libre-échange.

Cette condamnation est utilisée par l'Union Européenne pour remettre en cause la « non-réciprocité » des préférences et négocier avec les pays ACP des traités de libre-échange - les Accords de Partenariat Économique (APE) - qui les contraindraient à abaisser les droits de douane appliqués aux importations en provenance de l'Union Européenne. Cette évolution suscite de nombreuses critiques dans les pays concernés qui craignent une concurrence déloyale des produits agricoles européens subventionnés ou des pertes de recettes douanières qui fragiliseraient leurs finances publiques. Les pays ACP les moins avancés (PMA) ont également l'option de bénéficier de l'initiative « tout sauf les armes » qui n'exige pas la réciprocité. Certains accords sont entrés en vigueur, notamment avec des pays des Caraïbes (CARIFORUM), parfois à titre provisoire dans l'attente d'être intégrés dans des accords plus larges ; Afrique de l'Ouest, Communauté de l'Afrique de l'Est.

L'exemple ACP illustre une des limites des accords de préférence quand le commerce mondial obéit aux règles du multilatéralisme. En effet, au fur et à mesure que le SPG, couvert par le GATT et l'OMC généralise les préférences à l'ensemble des pays en développement et que, par ailleurs, les cycles de négociation multilatérale (Tokyo et Uruguay Round) conduisent l'Union Européenne à réduire ses barrières tarifaires et non-tarifaires à l'ensemble du Monde, les préférences accordées aux pays ACP s' « érodent ». Ainsi, l'ouverture multilatérale du commerce fait « perdre » des pays qui bénéficiaient auparavant de ces avantages.

Bilatéralisme et multilatéralisme ne se concilient pas si aisément…

4. Le déclin du multilatéralisme

Le multilatéralisme commercial est fondé sur un principe fondateur : la non-discrimination. Tous les pays doivent être traités de la même façon. Le droit de douane qui s'applique à l'un doit s'appliquer à tous les autres. C'est le traitement de la nation la plus favorisée. Par ailleurs, une fois dédouané, un produit importé doit être traité comme les produits nationaux avec les mêmes taxes (TVA) et les mêmes normes. C'est la règle du traitement national.

Le multilatéralisme repose aussi sur une méthode : la négociation entre pays membres et la prise en compte des intérêts de chacun. C'est un jeu qui se veut gagnant-gagnant.

Faute, après la seconde guerre mondiale, d'avoir pu créer l'Organisation Internationale du Commerce, c'est un accord négocié, pour l'essentiel, entre les Etats-Unis et la Grande Bretagne, le *General Agreement on Tariffs and Trade* (GATT) qui veillera après la guerre au bon fonctionnement du multilatéralisme. Il faudra attendre 1995 pour qu'une véritable organisation internationale soit créée, l'Organisation Mondiale du Commerce (OMC) qui intègre le GATT et quelques autres accords négociés lors du cycle d'Uruguay (1986-1993), formalisés par l'accord de Marrakech (1994).

Si, initialement, les traités commerciaux se limitaient au commerce des biens, le Traité de Marrakech étend les compétences de l'OMC aux services et à la propriété intellectuelle.

Les relations entre l'Union européenne et l'OMC sont spécifiques. Tout pays membre de l'Union Européenne (longtemps désigné comme CE (Communautés européennes) est membre de l'OMC. En 1995, l'Union européenne, est entrée à l'OMC comme membre à part entière s'ajoutant ainsi à ses pays membres. La politique commerciale étant de la compétence exclusive de l'Union, c'est bien au niveau européen que s'établit l'essentiel des relations avec l'OMC.

Multilatéralisme et « *Embedded liberalism* »[24]

Le GATT et l'OMC ont souvent été présentés comme l'incarnation du libéralisme économique, défenseurs aveugles et doctrinaires du libre-échange. Il est vrai que les initiateurs américains, le Secrétaire d'État Cordell Hull, puis le sous-secrétaire d'État, William Clayton, étaient de vaillants sudistes démocrates qui n'avaient jamais pardonné leur protectionnisme au Nord industriel et républicain, un vrai boulet que leurs exportations devaient trainer. Ces hommes d'État étaient perçus par les Britanniques comme des « théologiens » (Keynes dixit), d'ailleurs moins inspirés par Ricardo, que par les livres de compte des exportateurs de coton et de tabac du *Deep South*. Mais finalement, la guerre froide aidant, les Etats-Unis avaient cédé à l'intransigeance britannique assez largement inspirée du pragmatisme de Keynes, sur des points considérés comme majeurs : la possibilité de prendre des mesures exceptionnelles pour protéger la balance des paiements et la légitimité des droits antidumping ou des clauses de sauvegarde. Mais surtout, ils obtenaient l'autorisation de déroger au traitement de la nation la plus favorisée en permettant aux pays liés par un traité de libre-échange ou d'union douanière de bénéficier d'exonération de droits de douane. Les Etats-Unis ne menaceraient plus les Préférences impériales sans que l'Angleterre perçoive bien que, de toute façon, celles-ci étaient déjà condamnées par l'histoire...

Et, de fait, le texte du GATT est imprégné de « keynésianisme ». Le marché seul ne suffit pas ; il doit être encadré, « enchâssé » (*embedded liberalism*). La libéralisation du commerce n'a pas pour objet principal de favoriser la spécialisation des pays qui consiste à substituer des importations à une production nationale pour, en contrepartie, dégager un surplus exportable. La logique est même inversée : les exportations s'ajoutent à la production et tirent une croissance qui, en stimulant la demande par effet multiplicateur, conduit à importer davantage. De cette manière les exportations tirent la croissance (*export-led growth*) et permettent de réduire le chômage. L'effet bénéfique du commerce n'est donc pas de produire davantage à partir de ressources limitées comme dans l'approche ricardienne classique, mais d'atteindre le plein emploi. D'ailleurs, si la survie - et même la naissance - d'un secteur était menacée par un afflux d'importations, le GATT permet à ses membres de recourir à des instruments de régulation (clauses de sauvegarde, droits antidumping) qui atténuent le « préjudice », à condition, bien entendu, de n'en pas abuser.

Dans la négociation qui se conclura par le GATT la Grande-Bretagne est, comme à Bretton Woods, le seul pays européen à jouer un rôle significatif. Parle-t-elle au nom de l'Europe ? De toute évidence, non. Elle parle au nom de l'Empire sans vraiment s'apercevoir d'ailleurs que l'Empire n'a que faire de la vieille Angleterre. Si elle obtient le droit de créer des zones commerciales, ce n'est pas pour créer une zone de libre-échange avec le Continent mais pour préserver les préférences impériales. *« Nous autres, Britanniques, nous avons le Commonwealth »* rappelle Churchill dans son célèbre discours paternaliste de Zürich en 1946. Certes, il prône la réconciliation et l'unification d'une Europe … mais sans l'Angleterre : *« La France et l'Allemagne doivent se réconcilier ; la Grande-Bretagne, le Commonwealth des nations britanniques, la puissante Amérique, et, je l'espère, la Russie soviétique - car tout serait alors résolu – doivent être les amis et les protecteurs de la nouvelle Europe et défendre son droit à la vie et à la prospérité. »*

Pourtant, l'Europe ne pourra se construire dans le cadre multilatéral voulu par les Etats-Unis que grâce aux souplesses obtenues par l'Angleterre pour le Commonwealth. La guerre froide et le Plan Marshall vont accélérer la réintégration des vaincus dans le système international. En 1952, l'Allemagne et l'Italie ont rejoint la France, la Belgique, les Pays-Bas et le Luxembourg au FMI, à la Banque Mondiale et au GATT avant de participer à la fondation de la communauté européenne.

La principale fonction du GATT est de coordonner des cycles de négociations - des Rounds - qui visent à libéraliser les échanges. Le dernier cycle achevé, le huitième, s'est conclu en 1993. Un nouveau - le cycle dit de Doha - a été ouvert en 2002, mais il n'est jamais sorti de son enlisement et, vraisemblablement, personne ne l'extraira jamais des fonds dans lesquels il a fini par s'engloutir…

Vices et vertus des négociations multilatérales

Le multilatéralisme commercial n'est pas uniquement une règle de non-discrimination entre les membres. C'est aussi une méthode de négociation qui repose sur quelques principes : la réciprocité, le « tout ou rien » et le consensus.

La réciprocité est un concept mal compris. Il est souvent entendu dans un sens très restrictif : si les Etats-Unis imposent des droits de douane de 2,5% sur les importations d'automobile, alors l'Union Européenne devrait aussi l'appliquer. Le commerce se déroulerait alors sur un terrain nivelé, un *level playing field*.

Ce n'est pourtant pas cette définition qui a été retenue et si elle l'avait été, les négociations n'auraient sans doute jamais abouti. En 1948 les 23 membres fondateurs n'avaient pas les mêmes niveaux de protection. Certains étaient plus protégés que d'autres, en moyenne ou spécifiquement dans certains secteurs. Exiger un terrain nivelé aurait donc imposé à certains, dont les Etats-Unis, de faire un effort plus important, ce qu'ils auraient refusé. Les pays initialement les plus protégés le sont donc restés longtemps même si avec le temps et la libéralisation, souvent unilatérale, des pays en développement, les écarts se sont réduits.

La réciprocité au sens de l'OMC n'est donc pas le nivellement, mais l'équilibre dans les concessions, dans l'effort consenti par chacun. Cette conception relative de la réciprocité laisse aux pays membres la liberté de choisir les secteurs qu'ils souhaitent protéger, quitte à ouvrir davantage les autres. Elle a structuré les négociations du GATT.

La réciprocité dans son interprétation GATT-OMC porte donc sur l'effort global des pays et non sur le niveau de protection qui serait appliqué ligne tarifaire par ligne tarifaire. Néanmoins pour contenir cette facilité, les négociations portent aussi sur des règles spécifiques qui visent à réduire les « pics tarifaires » c'est-à-dire les produits les plus fortement taxés. Quand en Europe ou aux Etats-Unis des industriels se plaignent d'une concurrence déloyale du fait qu'ils seraient moins protégés que leurs concurrents étrangers, qu'ils se méfient. Le type de réciprocité qu'ils réclament risquerait bien de condamner très vite certains secteurs de leur économie et notamment, en Europe, l'agriculture qui devrait alors s'aligner sur le régime très libéral des grands pays agricoles.

Ces choix reposent certes sur les « avantages comparatifs » des pays. Ils conduisent à libérer les secteurs où ils sont compétitifs pour protéger ceux où ils le sont moins. Mais ils doivent aussi beaucoup à la culture ou à l'acquis historique. C'est ainsi que les pays industriels en général, et l'Europe continentale en particulier, en grande partie sous l'impulsion de la France, ont choisi de conserver des protections fortes dans l'agriculture mais de s'ouvrir davantage dans l'industrie et les services., non sans certaines exceptions d'ailleurs (textile, automobile, acier). À l'inverse, les pays en développement ont en général accepté plus aisément l'ouverture dans l'agriculture mais en protégeant lourdement leurs secteurs industriels. Dans les dernières négociations (enlisées) de Doha, le *deal* était explicitement celui-ci : l'Europe et les Etats-Unis ne libéraliseront leur agriculture que si les autres (Brésil, Chine, Inde, etc.) acceptent de s'ouvrir davantage dans les services et l'industrie.

La réciprocité entendue comme l'équilibre des concessions des uns et des autres, était assez facile à vérifier lorsque les négociations ne portaient que sur les droits de douane. Mais progressivement les négociations se sont étendues aux mesures non tarifaires, comme les subventions, la protection intellectuelle, les normes sanitaires et les règles mêmes du GATT, sa structure (création de l'OMC) ou son champ de compétence (extension aux services, à la propriété intellectuelle…). Il devient alors plus difficile de comparer les concessions des uns et des autres et la réciprocité pour tous devient vite la non-réciprocité des autres…

Le « tout ou rien » ou, plus exactement, « on est d'accord sur tout ou on n'est d'accord sur rien » est la conséquence logique de cette conception multilatérale de la réciprocité. Si les concessions européennes dans l'agriculture ont pour prix des concessions brésiliennes dans l'industrie, l'Europe comme le Brésil doivent approuver à la fois la partie agricole de l'accord et sa partie industrielle. Le donnant-donnant va même plus loin : lors de l'Uruguay Round (1986-1993) les pays industriels avaient troqué l'abandon (progressif) des « accords multifibres » qui protégeaient leur industrie textile contre un accord sur la protection de la propriété intellectuelle dont l'Inde, initialement, ne voulait pas.

L'accord final - plus de 500 pages en ce qui concerne l'Uruguay Round - ne règle d'ailleurs pas tout. Il demande aux pays de s'engager très précisément sur les détails : les droits de douane qui seront appliqués, les conditions auxquelles certains services seront ouverts, etc. Aujourd'hui, la liste des engagements déposée par les pays membres compterait autour de … 30 000 pages.

Après l'Uruguay Round, les Etats-Unis, las des grandes messes multilatérales, avaient affiché le souhait de négocier des accords sectoriels. Certains, déjà évoqués lors de la négociation, ont abouti (services financiers, technologies de l'information, communication…) mais d'autres pas (transport maritime) et, d'ailleurs, les Etats-Unis ont vite affiché leurs désillusions, notamment sur les services financiers.

Il est vrai que très discrètement, et sans faire trop de bruit, l'OMC elle-même s'est affranchie de ce principe du « d'accord sur tout ou d'accord sur rien » en sortant de la négociation agonisante de Doha un « accord sur la facilitation du commerce » qui vise à faciliter le passage en douane pour le faire ratifier par les états membres.

Le dernier élément est la règle du consensus, héritée du temps où le GATT n'était pas une organisation internationale mais un simple « contrat » (les membres étaient alors désignés comme « parties contractantes ») ce qui implique que la moindre virgule ne puisse être changée si l'une des parties prenantes s'y opposait. Au fur et à mesure des adhésions - 23 pays fondateurs et 164 membres aujourd'hui - la règle du consensus est devenue de plus en plus difficile à respecter.

Mais le nombre de pays n'est pas le seul à expliquer les blocages du système. Jusqu'à l'Uruguay Round, le multilatéralisme donnait certes le même droit à tous puisque chacun disposait *de facto* d'un droit de veto. Mais évidemment, tous n'avaient pas la même influence. Au sommet, le leadership des Etats-Unis devait préalablement trouver un terrain d'entente avec l'Europe, puis avec le Canada et le Japon qui se retrouvaient dans la « quadrilatérale » pour négocier dans une mystérieuse et mythique

« chambre verte ». Les autres, émergents ou, a fortiori, en développement, devaient alors faire alliance pour défendre leurs intérêts. On dénombre ainsi quelque 25 coalitions d'inégales importances comme le groupe de Cairns qui réunit les exportateurs de produits agricoles ou le G-90 qui regroupe des pays en développement. Mais c'est le G-20 qui réunit des pays émergents (ne pas confondre avec le G-20 qui réunit pays industriels et émergents pour favoriser la coopération internationale) qui a le plus fermement remis en cause une structure hiérarchique trop concentrée et maintenant plus ouvertement critiquée.

Les tensions apparues lors du cycle d'Uruguay n'avaient pas suffi. Ni les Etats-Unis, ni l'Europe n'avaient compris que les rapports de force évoluaient en faveur de pays qui se voulaient émergents non seulement sur le plan économique, mais aussi sur le plan politique et diplomatique. Il en est résulté un blocage du multilatéralisme.

Le consensus qui était la règle dans l'ancien GATT, le reste dans l'OMC même si formellement elle pourrait laisser la place à une règle de majorité basée sur le principe d' « un pays, une voix ». Les Etats-Unis et les pays industriels souhaitaient en effet introduire des règles de majorité avec des votes pondérés par le poids des membres. Mais les pays en développement ou les petits pays, à qui le consensus confère un droit de veto, y étaient opposés. L'article IX-1 de l'accord instituant l'OMC acte un compromis : *« L'OMC conservera la pratique de prise de décisions par consensus. Sauf disposition contraire, dans les cas où il ne sera pas possible d'arriver à une décision par consensus, la décision sur la question à l'examen sera prise aux voix. Aux réunions de la Conférence ministérielle et du Conseil général, chaque Membre de l'OMC disposera d'une voix. »*

De fait, malgré le principe « un pays, une voix », extrêmement favorable aux petits pays, c'est toujours la règle du consensus qui est appliquée et heureusement d'ailleurs. En effet, dans les domaines qui touchent aux lois nationales, il est assez difficile d'imaginer qu'un vote impose des réformes à un pays qui n'en veut pas. À l'OMC, personne, jusqu'à aujourd'hui, n'a osé revenir sur le principe westphalien de non-ingérence sur lequel repose toujours le système international !

Il existe pourtant une alternative à la règle du consensus. L'OMC abrite ainsi deux accords dits « plurilatéraux » - sur les aéronefs civils et sur les marchés publics - qui n'impliquent que les pays signataires. Les autres ne s'engagent à rien mais ne bénéficient pas non plus des avantages de l'accord. Une autre manière plus multilatérale d'aboutir à des traités est d'accepter le passager clandestin -le *free rider*- qui bénéficiera des avantages du traité mais sans engagements ou concessions de sa part. Ainsi, le traité sur la facilitation du commerce exigeait une ratification par les deux tiers des membres et, une fois le seuil atteint, il a pu devenir effectif en février 2017. Tous les grands pays - Etats-Unis, Chine, UE, etc. - l'ont d'ailleurs ratifié.

Le cycle de Doha, un échec annoncé

L'Uruguay Round a donc été la dernière négociation multilatérale achevée et mise en œuvre. À la Conférence ministérielle de Singapour, en 1996, les pays membres commencèrent à préparer le prochain cycle mais sans innover par rapport au précédent. Celui-ci avait posé les bases : de nouveaux concepts pour libéraliser l'agriculture, un accord pour faire entrer les services dans l'ordre multilatéral, un autre mal fagoté sur la propriété industrielle et un autre encore sur les normes. Peut-être était-il temps de se pencher aussi sur certaines vieilles questions, introduites cinquante ans plus tôt dans la Charte de la Havane, mais oubliées dans le GATT : le droit des travailleurs, la concurrence, les investissements, les marchés publics. Mais pour l'essentiel, la vision du commerce international était la même qu'en 1986 quand s'ouvraient les négociations d'Uruguay. Et les sujets qui auraient pu être intégrés, seront oubliés.

Ainsi le cycle « pour le développement » qui suit la Conférence de Doha de 2002 reste fondé sur la vision du Monde des années 1980, un Monde sans internet, où Apple et Microsoft pointent seulement le bout de leurs nez, qui ne connait encore ni Facebook, ni Amazon, ni le smartphone, ni *big data*. Un monde où les pays en développement s'engluent dans leur dette, où le prix des matières premières ne s'extirpe pas de sa baisse séculaire, où la Chine est un nain économique qui ne représente que 1% du commerce mondial. Les zones franches d'exportation sont ignorées. Le mur de Berlin et le rideau de fer séparent toujours les deux mondes. Le réchauffement de la planète n'émeut que quelques Cassandre.

Tout change pourtant dans les années 1990, mais les Conférences ministérielles de l'OMC, qui se réunissent tous les deux ans, n'ont rien vu passer. L'Europe, il est vrai, a bien d'autres chats à fouetter. La chute du mur de Berlin survient au moment même où se met en place le marché unique qui doit accélérer l'intégration européenne. La réunification allemande ne fera que rendre plus évident ce qui était déjà plus ou moins tranché : la mise en place d'une monnaie unique. L'Union européenne devra aussi s'élargir à l'Est et préparer leur transition vers l'économie de marché. Entre 1995 et 2013 elle fera entrer 16 nouveaux membres…

La Conférence de Doha s'ouvre quelques semaines après les attentats du 11 septembre et le Monde n'a pas l'esprit à batailler sur des questions commerciales. Les sujets qui fâchent sont soigneusement glissés sous les tapis persans. Mais il faut se rendre à l'évidence. La fin de l'histoire n'est pas pour demain. Le marché et la démocratie n'ont pas triomphé et les Etats-Unis, pas plus que l'Europe, ne seront les hérauts d'un modèle occidental hissé au niveau de l'universel.

Les conditions sont donc réunies pour que les Etats-Unis frappent vainement en Afghanistan et en Irak puis renoncent sans l'avouer à ce qu'ils avaient eux-mêmes porté : un nouveau cycle de négociation. Ils ne se retirent pas, mais se cachent derrière les rideaux…

En effet, assez vite, l'administration américaine, celle de George Bush Jr puis celle de Barak Obama, comprend qu'elle ne parviendra jamais à réunir au Sénat les voix nécessaires à la ratification d'un nouveau traité commercial. Car aux Etats-Unis, la politique commerciale est de la compétence du Congrès. Le Président n'intervient que par des délégations périodiquement définies par les lois commerciales. Celles-ci sont paradoxales. Elles donnent d'immenses pouvoirs aux Présidents pour mener sa politique commerciale, mais très peu pour ratifier les traités commerciaux.

Les démocrates des régions industrielles, soumis à la pression syndicale de l'AFL-CIO hostile au libre-échange, sont très réservés vis-à-vis des traités commerciaux. Ils ont fait introduire dans le mandat de négociation, la nécessité de discuter du droit des travailleurs. Or ce sujet avait été exclus du champ de la négociation dès la Conférence de Singapour (1996). « On verra plus tard », devaient alors se dire les négociateurs insouciants qui s'étaient engagés si légèrement dans l'ouverture du cycle de Doha….

Les républicains sont réputés plus favorables au libre-échange. Donald Trump rappellera plus tard au Monde que cette adhésion est récente, fragile et contradictoire. Il existe en effet dans ce parti un vieux fond protectionniste, qui date de Lincoln et de Hoover qu'avait d'ailleurs été ravivé par Ross Perrot, candidat aux élections présidentielles de 1992, formellement indépendant mais idéologiquement républicain. Tous leurs électeurs, notamment dans les états agricoles pourraient à la rigueur accepter des droits faibles, mais pas la chute des subventions. Et puis l'OMC n'est-elle pas une organisation malfaisante, quasiment socialiste, qui ne pense qu'à priver les Etats-Unis - et le Congrès - de sa souveraineté ?

Ainsi, pour ratifier un traité commercial, il aurait fallu convaincre beaucoup de démocrates et un nombre non négligeable de Républicains. En son temps, le Président Clinton avait déjà dû se démener et promettre beaucoup pour faire ratifier le Traité de Marrakech qui formalisait les résultats de l'Uruguay Round.

C'est à peine si on s'aperçoit qu'en 2007, la facilité de la « *fast track* » (voie rapide) n'a plus cours. Par cette mesure, le Congrès autorisait une ratification rapide et sans amendement. Sans elle, il n'existe guère de ratification possible… À partir de là, les Etats-Unis se désintéressent d'une négociation bien plus difficile encore que prévue. Ils n'ont, en tout cas, aucune envie de conserver un leadership qui aboutirait à des engagements qu'ils seraient incapables d'assumer.

Mais s'il n'y a pas de leadership américain, il n'y a pas de leadership du tout. Qui prendrait le risque d'une croisade perdue d'avance ? Les gouvernements et l'OMC préfèrent le déni et continuent à faire semblant de négocier et de croire à une conclusion prochaine. Peut-être l'année prochaine feint-t-on d'espérer tous les ans dans les communiqués lénifiants du G20. Certes, la *fast track* est rétablie par le *Trade Preferences Extension Act* de 2015. Mais le mal est fait et ne peut plus être guéri. Et puis, l'élection de Donald Trump est proche.

Les Etats-Unis et l'Union européenne ont pourtant trouvé les moyens de contourner un multilatéralisme à l'ancienne défaillant et qui leur laisse peu de regrets : ils négocieront des méga- accords commerciaux bilatéraux couvrant à eux seuls une telle part du commerce mondial que les empêcheurs de tourner en rond - la Chine, l'Inde, le Brésil et quelques autres - seront bien obligés de se plier aux règles qu'ils auront imposées.

Était-ce la bonne voie ? Non, et Donald Trump n'aura aucune difficulté à saborder le stratégie Obama de contournement qui, il est vrai, était déjà bien mal engagée. Nous y reviendrons.

Un multilatéralisme menacé

L'OMC n'a donc pas été en mesure de remplir une de ses missions, superviser une libéralisation multilatérale des échanges. Créée il y a un quart de siècle, elle ne peut se prévaloir d'aucun cycle de négociation achevé.

Mais l'OMC est aussi la gardienne des règles du multilatéralisme commercial. Dans l'ancien GATT, les membres pouvaient certes se plaindre d'un autre membre qui ne respectait pas les textes ou violait ses engagements. Mais l'affaire n'allait jamais très loin ; la règle du consensus permettait au pays « défendeur » d'arrêter nette la procédure. Dans le Traité de Marrakech, le consensus est maintenu, mais inversé. Il n'est plus demandé pour poursuivre la procédure mais… pour l'interrompre. Autant dire qu'elle est devenue automatique. L'OMC devenait ainsi la seule organisation internationale « multilatérale » dotée d'une procédure des différends susceptible d'aboutir à des sanctions, commerciales en l'occurrence.

Cette consolidation de la procédure de règlement des différends obligeait les pays membres à y recourir en cas de conflit, ce qui signifiait aussi qu'un pays ne pourrait se faire justice lui-même en imposant des sanctions qui n'auraient pas été validées par l'OMC. Violer cette règle c'était se mettre soi-même en situation d'être sanctionné, même si, sur le fond, les récriminations étaient justifiées. Concrètement, les lois commerciales américaines qui codifiaient l'usage des sanctions unilatérales à l'encontre de pays « déloyaux » et, notamment, la célèbre *Section 301* ne libérait pas les États-Unis des exigences de la procédure OMC. Des enquêtes nationales pouvaient certes se dérouler parallèlement à la procédure OMC ce qui satisfaisait le Congrès, mais quoiqu'en dise la loi américaine, elle ne pouvait pas conduire à des sanctions sans l'aval de l'OMC.

C'est d'ailleurs un des points qui avait fait hésiter le Congrès. Pour obtenir la ratification du Traité de Marrakech qui introduisait cette procédure, le Président Clinton avait dû promettre au chef des Républicains au Sénat, Robert Dole, que si les États-Unis étaient trop fréquemment condamnés, « injustement » bien sûr, le Congrès pourrait se prononcer sur le maintien de l'adhésion du pays à l'OMC. Mais, bon an mal an, les États-Unis ont été assez fréquemment condamnés sans pour autant qu'ils envisagent sérieusement leur départ.

La procédure de règlement des différends a bien fonctionné. De début 1995 à fin 2018, 574 plaintes avaient ainsi été déposées. Elles commencent par une procédure de conciliation, se poursuivent par une enquête menée par un « groupe spécial » (panel) de deux ou trois experts. Le cas échéant, un organe d'appel peut confirmer, modifier ou infirmer les constatations et les conclusions juridiques du groupe spécial. S'il demande au pays mis en cause de modifier ses pratiques, celui-ci devra s'exécuter dans un « délai raisonnable ». À défaut, le plaignant pourra demander à l'OMC l'autorisation de prendre des sanctions à hauteur du préjudice subi. Elles prendront la forme d'une hausse des droits sur un certain nombre de produits.

Certes, plusieurs années sont souvent nécessaires pour que les plaintes aboutissent. Mais le système a permis à de nombreux conflits de se régler dans les couloirs feutrés de l'OMC. Bien entendu, chaque pays doit composer et respecter ses engagements même quand ils ne servent pas les intérêts de tel ou tel lobby. C'est sans doute trop pour Donald Trump qui s'est juré d'abattre le multilatéralisme de l'OMC en l'ignorant et en le sabotant.

Le Président américain pouvait adopter des mesures protectionnistes en se prévalant des « protections conditionnelles » de l'OMC. D'ailleurs les Etats-Unis, Trump et ses prédécesseurs, tout comme l'Europe, ne s'en sont pas privés. Il suffit de démontrer le préjudice « important » que provoque un afflux d'importations.

Mais le Président américain a préféré se référer à la loi américaine, la fameuse *Section 301* du *Trade Act* de 1974 et ses succédanées (*Special 301, Super 301*) mais aussi, ce qui était moins attendu, la *Section 232* du *Trade Expansion Act* de 1962, une obscure disposition oubliée, qui vise les situations où la sécurité nationale serait mise en cause. Cet argument aurait peu de chance d'être considéré comme un motif valable par les experts et les juges de l'OMC même si l'article XXI du GATT pourrait valider cet argument … si la menace sur la sécurité était avérée. Il parait ainsi difficile d'admettre que la sécurité américaine soit mise en danger par les importations d'acier et d'automobile surtout lorsqu'elles viennent de pays alliés. Mais comme en même temps, les Etats-Unis bloquent cette procédure en refusant d'avaliser la nomination de nouveaux juges à l'organe d'appel, il signifie au Monde que dorénavant, l'OMC n'aura plus à se prononcer sur la politique commerciale des États-Unis. C'est une situation pire que le retrait envisagé autrefois par le Sénateur Dole car, hors de l'OMC, les Etats-Unis perdaient le pouvoir de la bloquer. Mais le Président américain ne veut pas se retirer du Monde, il veut juste le faire plier[25].

Avec l'élection de Donald Trump en 2016, l'opinion publique et les commentateurs, qui ont souvent la mémoire courte, se sont étonnés de débats qu'ils croyaient nouveaux, mais qui sont pourtant consubstantiels à l'Amérique. Périodiquement ils resurgissent et le pays trouve des politiciens pour pérorer la même litanie : le leadership de l'Amérique sert le Monde mais dessert son peuple. Bien que plus puissants, ils seraient perdants dans le jeu des relations internationales. L'Amérique se ferait « avoir » par ses faux amis, l'Europe, le Japon, la Chine.

Ce complexe, les autres pays ne peuvent l'admettre tellement il leur parait fallacieux. Ils l'oublient donc quand il s'apaise et le redécouvre quand il resurgit. Il n'est pourtant pas sans fondement. Le leadership n'est légitime et soutenable que bienveillant. Et la bienveillance est coûteuse. C'est bien pour cela qu'elle n'est accessible qu'aux plus riches. Il faut en effet « acheter » la loyauté des pays qui accepteront alors les quelques abandons de souveraineté que leur impose l'*hegemon*. D'un côté, on garantit la sécurité mais, de l'autre, on s'accommode des règles imposées et on se plie à la suprématie du dollar. Les Etats-Unis entretiendront les armées, mais créeront la monnaie dans laquelle ils s'endettent.

Mais cet équilibre n'est pas stable. Le leadership est un investissement qui doit sans cesse être entretenu et l'Amérique s'est toujours divisée sur ce point : pour les uns, plutôt Républicains, ce qui est bon pour le Monde est mauvais pour l'Amérique. Pour les autres, souvent Démocrates, ce qui est mauvais pour le Monde ne peut être bon pour l'Amérique. Donald Trump d'un côté, Woodrow Wilson et Franklin Roosevelt de l'autre. L'inéluctabilité d'un jeu gagnant-perdant pour l'un, la possibilité d'un jeu gagnant-gagnant pour les autres. L'unilatéralisme contre le multilatéralisme.

Ainsi, les poussées protectionnistes aux Etats-Unis suivent moins la conjoncture économique que l'émergence de nouvelles puissances économiques perçues comme autant de menaces. Le souvenir des revers militaires - le Vietnam hier, l'Irak ensuite - ne font qu'entretenir le malaise. Les populations constatent les coûts du leadership mais peinent à en ressentir les gains.

Finalement, les Etats-Unis sont les seuls à avoir promu le multilatéralisme après la guerre et les seuls aussi, peut-être, à l'avoir autant combattu de l'intérieur après-guerre. Ils l'ont promu lorsqu'ils étaient forts et victorieux, c'est-à-dire après les deux guerres mondiales. Mais les circonstances étaient exceptionnelles et l'enthousiasme éphémère. Wilson ne put faire ratifier le Traité de Versailles et faire adhérer son pays à la Société des Nations. Plus tard, Truman ne soumettra jamais au Congrès la Charte de La Havane.

Avant Trump, l'exécutif temporisait les fièvres protectionnistes du Congrès. Ses élus satisfaisaient leurs électeurs en feignant de relayer leurs demandes protectionnistes. Ils flattaient les lobbies qui les finançaient, mais se dégageaient de leur responsabilité en délégant à l'exécutif leurs prérogatives. Cet équilibre a été rompu puisqu'aujourd'hui, c'est l'exécutif qui est devenu plus protectionniste que le Congrès qui, pour l'instant, n'a pas les moyens de récupérer les compétences constitutionnelles qu'il avait imprudemment confié à l'exécutif.

5. L'illusion des traités commerciaux

Après la seconde guerre mondiale, la négociation du GATT avait failli échouer sur la question des « préférences » c'est-à-dire sur la possibilité donnée aux pays signataires de déroger au traitement de la nation la plus favorisée qui impose aux pays d'imposer les mêmes droits de douane à tous les membres. La Grande-Bretagne voulait préserver à tout prix ses « Préférences Impériales » qui réunissaient les pays du Commonwealth, alors que les Etats-Unis souhaitaient abattre ces arrangements bilatéraux pour ne pas revivre la fragmentation des années 1930. Mais la guerre froide aidant, le Secrétaire d'État, George Marshall, avait fini par céder.

L'article XXIV du GATT permet ainsi de mettre en place des zones de libre-échange ou des Unions douanières[26] à condition, toutefois, que les droits de douane ne soient pas relevés ou les règlementations commerciales durcies à l'encontre des pays tiers. L'ironie de l'histoire veut que cet article qui visait à sauver les préférences impériales de l'Angleterre rendra possible le Traité de Rome (1957) dont l'avancée principale est justement la création d'une Union douanière entre les six pays fondateurs. Lorsqu'en 1994 (Traité de Marrakech), les services entreront dans le champ de l'OMC avec les mêmes principes de non-discrimination du GATT, l'article V de l'accord Général sur le Commerce des Services (AGCS, GATS en anglais) accordera les mêmes exceptions que l'article XXIV. Il faut pourtant attendre la fin des années 1990 pour que l'Europe ne soit plus une exception et que les traités commerciaux « bilatéraux » se multiplient partout dans le Monde.

La lente montée du bilatéralisme

Longtemps, les possibilités offertes par le GATT furent peu utilisées, trop libérales pour les uns, trop protectionnistes pour les autres. Le Traité de Rome a été une des rares exceptions et son aspect protectionniste, notamment dans le domaine agricole, était parfaitement assumé et affirmé par le concept même de « Préférence communautaire », à l'intitulé presque provocateur par sa référence si peu discrète aux préférences impériales britanniques. L'économie est d'ailleurs mise au service d'objectifs

91

politiques qui tirent leur conclusion du désastre des deux guerres mondiales : l'intégration économique doit favoriser la paix et conduire à l'Union politique.

Le Royaume-Uni se partage entre la doctrine churchillienne du grand large, qui préfère l'Empire et les Etats-Unis au continent, et le constat d'un déclin qui pourrait bien être imputé à son éloignement d'une Europe alors bien plus dynamique. Mais l'Angleterre reste arrimée à une conception bien peu intégrationniste qui n'ira pas plus loin que de simples accords de libre-échange. Elle prend ainsi l'initiative de réunir des pays européens restés à l'écart du Traité de Rome. À sa création, en 1960, l'Association Européenne de Libre Échange réunit 10 pays[27].

Hors de l'Europe, les quelques initiatives qui s'éparpillent dans le Monde en développement convainquent d'autant moins que beaucoup des pays concernés ne sont pas membres du GATT. Quelques frémissements sont perceptibles dans les années 1980. En 1985, les Etats-Unis, qui n'avaient jamais caché leur réticence vis-à-vis de ces traités commerciaux, changent de cap en signant un traité avec Israël. Plus politique qu'économique, c'est encore une exception. Il faut attendre les années 1990 pour que le mouvement s'accélère avec quelques initiatives spectaculaires comme le Mercosur (Brésil, Argentine, Uruguay, Paraguay) en 1991 ou l'ALENA (Canada, Etats-Unis, Mexique) en 1994 (Figure 5).

Les années 1980 avaient vu la conversion des pays en développement sinon au libre-échange, du moins à l'opportunité de stimuler leur croissance par les exportations. Cette constitution de « blocs » régionaux devait provoquer un effet domino[28] : plus la zone s'étendrait, plus il deviendrait coûteux de rester à l'écart. L'élargissement de l'Union européenne répond à cette logique qui a pourtant moins bien réussi en Amérique latine ou en Asie. La chute du mur de Berlin, puis l'éclatement de l'Union soviétique, ont contribué à cette prolifération d'accords qui visaient soit à maintenir des liens commerciaux entre des pays auparavant liés par la « division internationale socialiste du travail » planifiée à Moscou soit, en complément, à s'ouvrir vers d'autres pays, notamment européens, en vue de préparer une adhésion à ce qui était encore la Communauté Européenne.

Figure 5 - Nombre d'accords de libre-échange ou d'unions douanières notifiés au GATT ou à l'OMC et en vigueur

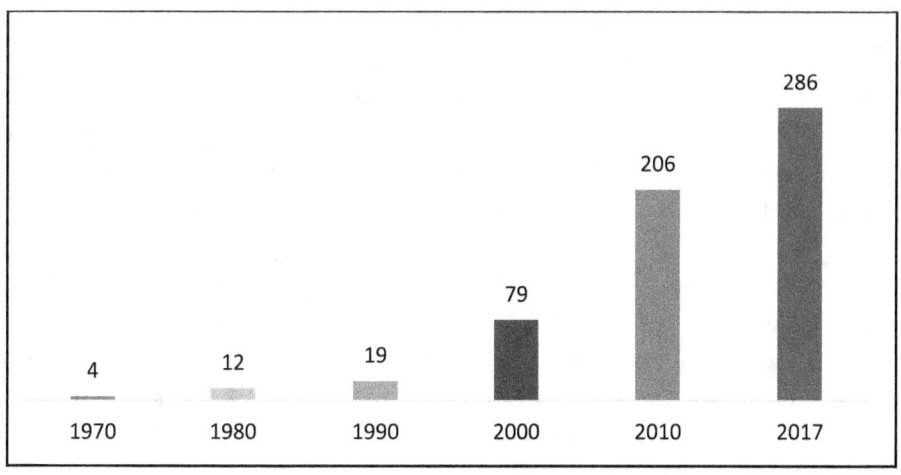

Source : OMC

Néanmoins, ces explications s'estompent dans les années 2000. Le cycle de négociation multilatérale dit de Doha et qui devait approfondir et préciser les acquis du cycle d'Uruguay achevé en 1993, se révèle difficile à lancer, puis à mener. De toute façon, il ne satisferait pas les ambitions de certains pays, notamment industriels, qui souhaitent élargir les sujets à négocier quand les pays en développement et émergents veulent se limiter aux thèmes traditionnels et plus strictement commerciaux. L'introduction d'un sujet relatif au droit des travailleurs est rejetée dès la Conférence de Singapour (1996) qui, par ailleurs, définit une liste de quatre sujets – les « sujets de Singapour » – qui pourraient éventuellement être traités dans le prochain cycle de négociation : facilitation des échanges, concurrence, investissements, marchés publics.

Dans un climat d'émeute anti-mondialiste, la Conférence de Seattle (1999) ne parvient pas à définir un programme de négociation. La Conférence de Doha (2001) n'y réussira qu'en repoussant la décision sur les sujets de Singapour à la Conférence de Cancun deux ans plus tard. Les leadeurs historiques - Etats-Unis, Union Européenne - se heurteront alors à l'opposition d'une coalition de pays émergents menée par le Brésil et l'Inde et qui, quoiqu'hétéroclite, se révélera efficace pour rééquilibrer les rapports de force. Finalement, des quatre sujets de Singapour, un seul survivra : la facilitation des échanges. Ironie de l'histoire ce thème, initialement très controversé, aboutira à un accord séparé entré en vigueur en février 2017. Depuis Cancun (2003), les négociations n'ont guère évolué et les discussions portent davantage sur les programmes de travail que sur le fond des sujets eux-mêmes. Seize ans après le début des négociations, à peu près tout le Monde les a oubliées. Le cycle de Doha est en état de mort cérébrale sans doute oublié quelque part au fond d'un couloir obscur du Centre William Rappard où, à Genève, siège l'OMC.

C'est dans ce contexte que les accords bilatéraux entre pays ou groupes de pays ont pu apparaitre comme un substitut au multilatéralisme. Les Etats-Unis qui les avaient combattus commencent à s'y complaire. L'Europe ne s'en prive pas. Leur co-leadership, vainement contesté jusqu'alors, est fragilisé par les pays émergents qui dans ces années 2000 tirent la croissance mondiale. Les accords bilatéraux apparaissent alors comme une alternative séduisante qui, libérés des coalitions hostiles, bénéficient d'un rapport de force qui leur est plus favorable et contournent le mur du consensus.

Ces traités n'ont plus comme but unique de promouvoir l'intégration régionale entre pays proches géographiquement et économiquement. Les Etats-Unis s'engagent avec la Jordanie, le Maroc, Bahreïn et Singapour quand l'Union Européenne traite avec le Liban, le Chili, la Corée le Mexique ou la Colombie. Le Japon lui-même qui avait tardé à entrer dans la danse signe des accords avec le Mexique, le Chili et l'UE.

En 2018, l'Europe appliquait plus de 40 accords commerciaux bilatéraux qui concernent 82 pays (dont le Chili, le Mexique, la Norvège, la Corée du Sud, la Suisse, la Turquie, le Maroc, la Tunisie). Une douzaine d'autres qui concernent une vingtaine de pays étaient en attente de signature et de ratification (Singapour, Vietnam) et autant en cours de négociation (Mercosur, Inde, Indonésie, Philippines, Malaisie, Thaïlande). Fin décembre 2018 le Parlement européen approuvait un traité avec le Japon qui pourra ainsi entrer en vigueur en février 2019.

Dans le même temps, l'Union Européenne étendait son marché intérieur (marché unique) aux pays de l'Espace économique européen (EEE : Islande, Liechtenstein et Norvège) ce qui implique un niveau d'intégration poussé mais qui ne va pourtant pas jusqu'à l'Union douanière. Qui plus est, il exclut l'agriculture et la pêche. Les trois pays européens concernés appliquent ainsi les « quatre libertés » c'est-à-dire le libre mouvement des biens, des services, des hommes et des capitaux. En contrepartie, ils doivent s'adapter au droit de l'Union européenne à l'élaboration duquel ils sont certes associés, mais à partir de procédures de coordination complexes. Ils participent financièrement à certains programmes de l'UE et aux subventions qui visent à réduire les disparités sociales et économiques dans l'EEE.

Les traités de libre-échange ne sont pas le libre-échange

Les réticences américaines étaient pragmatiques. Avant-guerre, les Etats-Unis étaient restés en dehors des grandes zones de préférence qui se confondaient souvent avec les Empires coloniaux. Après-guerre, leur ambition était de conquérir les marchés mondiaux. Les Etats-Unis accepteront donc mal les barrières posées par l'Europe aux importations de produits issus de l'agriculture américaine. Le thème de la forteresse Europe, sera alors récurrent dans le débat politique américain.

Mais, comme c'est souvent le cas, le pragmatisme et la théorie, sinon l'idéologie, se nourrissent mutuellement. Dans la *pop economy* (l'économie populaire), les traités commerciaux dits alors « régionaux » sont souvent considérés comme une forme de libre-échange. C'est une étape, même si c'est un détour et ils concourent à l'approfondissement de la mondialisation.

Il est vrai qu'au XIX° siècle, les traités de libre-échange, orchestrés par la puissance britannique, étaient considérés comme … libre-échangistes d'autant plus d'ailleurs, qu'ils étaient assortis d'une clause de la nation la plus favorisée. Les années 1930, marquent un retournement. Ces traités deviennent protectionnistes car en créant des zones d'autosuffisance, elles rendent économiquement viables le protectionnisme. D'où les réticences américaines.

Il fallait donc une théorie qui démasque les travers des traités de libre-échange et des Unions douanières. En 1950, l'économiste américain Jacob Viner démontre que si ces zones de préférence « créent » du commerce, elles en « détruisent » aussi. Le débat sur l'entrée de l'Espagne et du Portugal dans l'Union européenne illustre cette contradiction. En entrant dans ce qui est encore la Communauté Européenne, ces pays vont supprimer leurs droits de douane dans leurs échanges avec le reste de la zone ce qui donnera lieu à une création de commerce. Mais les nouveaux entrants devront aussi adopter les droits de douane européens qui pourraient être plus élevés que ceux qu'ils pratiquaient auparavant. Ils importeront donc moins de maïs des Etats-Unis, bon marché, mais lourdement taxé pour en acheter plus en Europe où si les coûts de production sont plus élevés, il s'exonère des droits de douane. C'est un « détournement » de commerce qui pèse négativement sur l'économie de la péninsule ibérique.

Le gain ou la perte nette de l'intégration commerciale devient alors une question empirique. Néanmoins, les chances de gains seront d'autant plus élevées que les pays échangeaient déjà beaucoup entre eux et qu'ils ont donc moins à « détourner ». C'est généralement le cas lorsque les pays sont, comme dans la Communauté européenne, géographiquement et économiquement proches. Et, de fait, les traités commerciaux ont longtemps été régionaux (Traité de Rome, ALENA, Pacte andin, ASEAN, etc.) même s'ils le sont de moins en moins aujourd'hui.

D'autres économistes, défenseurs du libre-échange et du multilatéralisme ont souligné que ces « blocs » pourraient atteindre une taille qui leur permettrait de se comporter en quasi-monopole, comme exportateur dominant ou en quasi-monopsone comme importateur principal. Dans le premier cas, la grande union douanière serait tentée de limiter ses exportations en les taxant pour créer de la rareté sur les marchés mondiaux et pousser ainsi ses prix à la hausse à la grande satisfaction des producteurs. Dans le second, en taxant davantage les importations, elle diminuerait la demande mondiale et pousserait les prix à la baisse à l'avantage des consommateurs. Pour un économiste libre-échangiste comme Jagdish Bhagwati, le seul bloc qui vaille serait alors... le Monde[29].

Dans les faits, il serait pourtant difficile de trouver beaucoup d'exemples qui confirmeraient ces craintes. Avant que la Chine n'entre sur le marché, l'Union européenne fut longtemps le seul importateur de tourteaux de soja qui, loin d'être taxés, comme ils auraient dû l'être pour « maximiser le bien-être » du pays importateur, entraient librement en Europe[30].

Ainsi, contrairement à une idée reçue, les traités de libre-échange, nom d'ailleurs hérité de l'histoire ancienne, ne sont pas le libre-échange. Selon leur contenu, ils peuvent tout aussi bien le promouvoir que s'en affranchir. Or, depuis une vingtaine d'années, ils ont évolué dans un sens qui ne laisse pas toujours espérer les bénéfices que les économistes attendent du libre-échange.

Le ver dans le fruit : les règles d'origine

Le plus grand effet négatif des traités commerciaux sur le commerce mondial est aussi le plus négligé. Il tient au caractère protectionniste des règles d'origine, consubstantielles aux traités de libre-échange.

Comme le remarquait l'économiste libérale Anne Krueger, les traités de libre-échange qui, contrairement aux Unions douanières, permettent aux pays de mener une politique douanière indépendante vis-à-vis des pays tiers, cachent un biais protectionniste : « *En l'absence [de règles d'origine], chaque produit importé entrerait via le pays où les droits de douane sont les plus bas. Le critère pour l'exonération de droits est important dans la détermination des effets économiques ... Les règles d'origine prolongent en fait la protection accordée par chaque pays aux producteurs d'autres pays membres de l'accord de libre-échange. En tant que telles, les règles d'origine peuvent constituer une source de distorsion économique pesant sur l'efficacité des accords de libre-échange d'une manière à laquelle échappent les Unions Douanières* »[31].

Les Etats-Unis sont ainsi engagés dans un accord avec le Mexique - l'ALENA- qui a lui-même un accord avec l'Union Européenne. Pour échapper au droit de douane européen de 10% sur les importations d'automobiles, les constructeurs américains pourraient être tentés de transiter vers le Mexique pour exporter leurs automobiles vers l'Union Européenne ... Les règles d'origine définissent alors le critère qui permettra d'apprécier l'origine du bien importé et ainsi, d'autoriser ou non l'exonération des droits de douane. Généralement, il est exigé un changement de nomenclature qui atteste une transformation suffisante du bien intermédiaire importé ou encore, comme pour les automobiles, une part minimale de composants ou de valeur ajoutée produite dans la zone.

Pour bénéficier d'un libre accès au marché européen, les constructeurs mexicains pourraient ainsi être amenés à aménager l'origine de leur approvisionnement pour incorporer davantage de composants produits chez eux ou dans l'Union européenne, même s'ils sont moins compétitifs que des composants importés de Chine. La différence entre le prix du composant mexicain ou européen par rapport au prix d'un composant chinois équivaut alors à une taxe implicite sur les intrants qui doit alors être comparée au droit de douane que devrait acquitter l'exportateur mexicain si l'origine chinoise du composant l'empêchait de respecter les règles d'origine. Plus les règles d'origine sont sévères, plus l'effet protectionniste est élevé.

L'exportateur peut ainsi être confronté à l'alternative suivante : des coûts de production plus faibles mais pas d'exonération des droits, des coûts de production plus élevés mais soulagés par une exonération des droits. Dans les deux cas, les règles d'origine rabotent l'effet de création de commerce attendu des traités de libre-échange.

Mais le Mexique n'a pas de traité commercial qu'avec la seule Union européenne et la multiplication des accords commerciaux et donc des règles d'origine posent d'autres problèmes. Par exemple, dans l'ancien ALENA, la part de valeur ajoutée produite dans la zone (Canada, Etats-Unis, Mexique) devait être de 62,5%. Dans l'accord entre l'UE et le Mexique elle est de 60%.

Si le Mexique respecte ses règles d'origine pour exporter dans l'UE, c'est-à-dire s'il contient suffisamment – 60% - de valeur produite au Mexique et en Europe, il est peu probable qu'il les respecte aussi pour les autres pays avec lesquels le Mexique aurait un accord et, notamment, les Etats-Unis. Par exemple, les automobiles mexicaines avec 15% de composants canadiens, 30% d'américains, 17,5% de valeur mexicaine et 37% européenne respectent les règles d'origine de l'ALENA -62,5%- mais pas celles de l'Union européenne. La nouvelle mouture de l'ALENA[32] négociée en 2018 devrait même aller plus loin. Elle élève ainsi la part de composants produits dans la zone de 62,5% à 75%. Il faudra même que 70% de l'acier et de l'aluminium utilisés soient d'origine nord-américaine[33] ce qui contraindra encore plus le contenu en valeur mexicaine des automobiles exportables Il deviendra alors quasiment impossible qu'une automobile respecte les règles d'origine à la fois du nouvel ALENA et du traité avec l'Union européenne, sauf à mettre en place des filières d'approvisionnement spécifiques : une destinée au marché nord-américain, l'autre au marché européen ce qui ferait perdre aux producteurs une partie de leurs effets de dimension.

Enfin, les règles d'origine ont un autre vice. Il faut prouver leur respect ce qui génère un coût bureaucratique et retarde le dédouanement. Contrairement à une idée courante, les traités de libre-échange ne facilitent pas les passages en douane, il les complique. D'ailleurs, dans le cas du Brexit, les négociateurs ont vite compris qu'ils empêchaient la suppression des frontières. C'est donc un nouveau droit de douane implicite, qu'on estime de l'ordre de 3 à 5 % qui pèse sur les avantages potentiels de la franchise.

Ces coûts auront d'autant plus de chances d'être rédhibitoires que les droits de douane sont faibles. Ainsi, les firmes mexicaines ou canadiennes préféreront souvent acquitter le droit de 2,5% que se plier aux exigences des « règles d'origine ». Du fait du durcissement de ses règles d'origine, l'ALENA risque ainsi de n'être qu'un chiffon de papier.

La complexité des règles d'origine ne s'arrête pas là. Les traités définissent aussi les règles dites de « cumul »[34]. Après tout, ne pourrait-on pas considérer que les composants fabriqués en Corée du Sud, liée à l'UE par un traité de libre-échange, puisse entrer dans les 60% exigés pour exonérer de droit de douane les exportations d'automobiles mexicaines ? De fait, ce type de cumul est assez rare.

Ainsi, lorsque les coûts supplémentaires associés aux règles d'origine - prix plus élevé des composants, coût de réorganisation des filières, formalités douanières - ne sont pas compensés par l'exonération des droits, les entreprises potentiellement bénéficiaires pourraient être amenées à y renoncer. Après tout le droit NPF (nation la plus favorisée) qui s'appliquerait ne serait que de 2,5% (25% il est vrai pour les camions et fourgonnettes).

La multiplication des traités commerciaux, qui entremêlent les règles d'origine, le « bol de spaghetti de l'économiste Jagdish Bhagwati est à contre-courant de la dynamique commerciale des années 1990 et 2000, fondée sur la mondialisation des chaînes de valeurs et l'éparpillement dans les différentes étapes du processus de production.

Les traités de libre-échange tendent donc sinon à réduire le commerce des biens intermédiaires (45% du commerce mondial) du moins à le régionaliser. Le Mexique importera moins de pièces chinoises mais plus de pièces américaines.

Rassurons-nous, l'Union Européenne, en tant qu'Union douanière n'a pas à appliquer des règles d'origine entre ses membres. Les droits de douane étant les mêmes dans tous les pays, les pays tiers n'ont aucun avantage tarifaire à passer par Marseille plutôt que par Rotterdam. Il en est de même avec la Turquie qui forme une Union douanière avec l'Union Européenne. Les douanes peuvent alors être abandonnées, au moins pour la circulation des produits. Il ne reste que des frontières extérieures.

De ce fait, l'Union Européenne, comme zone commerciale, est moins protectionniste que les autres accords commerciaux en vigueur dans le Monde qui sont très majoritairement des accords de libre-échange. À l'exception du Mercosur, qui fonctionne mal, les autres Unions douanières représentent des flux de marchandises insignifiants.

Les règles d'origine créent également une dissymétrie entre les pays. En effet, l'Union Européenne dispose d'un avantage sur la Corée ou sur le Canada : plus grande et plus diversifiée elle les respectera plus aisément. Les différences de coûts salariaux en son sein deviennent, de ce point de vue, un avantage puisqu'elles favorisent la formation de chaines de valeur à l'intérieur même de l'Union européenne ce qui rend plus facile le respect des règles d'origine sans perte de compétitivité. Une voiture allemande exportée vers la Corée pourra respecter ses règles d'origine en incorporant sans limite des composants ou des services polonais, français ou roumains. Certes, les constructeurs coréens pourraient aussi s'approvisionner auprès des mêmes pays pour satisfaire aux règles d'origine mais elle aurait sans doute préféré s'adresser à des fournisseurs plus proches et plus habituels. De fait, à la suite de l'accord de libre-échange entre l'Union Européenne et la Corée, l'augmentation des exportations automobiles européennes a été quatre fois plus élevée que celle de la Corée vers l'Europe.

Si le Brexit devait conduire à un traité de libre-échange plutôt qu'à un traité d'Union douanière, il serait nécessaire de rétablir une frontière entre l'Irlande du Nord « sortie » de l'Union Européenne. C'est une hypothèse que rejette l'Irlande puisque leur disparition était un engagement fondamental de l'accord de paix dit du « Vendredi saint » signé le 10 avril 1998. Faire de l'Irlande du Nord un territoire autonome (un peu comme le sont Hong Kong ou les îles Féroé) ne ferait que déplacer la frontière extérieure de l'Union européenne en Grande-Bretagne, autant dire, assez vite, l'indépendance ou la réunification de l'Irlande. Mais surtout, en ce qui concerne les règles d'origine, même si l'Angleterre se fournit déjà beaucoup sur le continent elle devrait vraisemblablement substituer la part des biens intermédiaires importés des pays tiers au profit de fournisseurs européens. Compte tenu des différences de taille et de la diversification du continent, la réciproque sera moins probable. Cette situation pourrait encourager certaines industries anglaises, et pas seulement l'industrie financière, à se délocaliser en Europe où elles ne seraient plus contraintes par les règles d'origine pour vendre sur le continent.

Les traités commerciaux ne peuvent donc avoir pour seuls objectifs que de « supprimer » les droits de douane. Comme on l'a vu, cette mesure qui définit les traités de libre-échange, n'a aucun effet significatif entre les pays qui appliquent des taux normaux (les droits dits NPF pour « nation la plus favorisée ») déjà très bas. Plus les droits de douane sont faibles, plus la probabilité que les entreprises exportatrices renoncent à l'exonération des droits est forte.

L'histoire du commerce international est donc paradoxale : c'est lorsque, après la seconde guerre mondiale, les droits de douane étaient élevés que les traités commerciaux « bilatéraux » étaient les plus rares. Et maintenant que les droits sont plus faibles, ils prolifèrent… Les économistes pourront faire tourner leurs modèles pour estimer les effets de la suppression des droits de douane de l'UE avec le Canada, le Japon ou l'Australie, ils en surestimeront nécessairement les gains s'ils oublient les droits de douane implicites et les coûts spécifiques qui se camouflent derrière les règles d'origine.

Le tâtonnement des accords de la « nouvelle génération"

Dans les traités de libre-échange, l'élimination des droits de douane peut donc être un leurre. La véritable raison de ces accords se trouve ailleurs, un peu dans les barrières non tarifaires, beaucoup dans des dispositions moins directement liées au commerce. Singapour qui n'applique aucun droit de douane, est pourtant engagé dans 22 accords commerciaux dont la Chine, les Etats-Unis, le Japon et, bientôt peut-être, le Canada et l'Union Européenne.

Les traités commerciaux qui impliquent de plus en plus souvent des partenaires éloignés déjà assez largement ouverts aux échanges, ne visent donc plus à constituer des zones ou des blocs. Ils ne se limitent pas à l'abaissement des droits de douane dont nous avons vu l'ambiguïté.

Les accords visent donc à aller plus loin que l'OMC sur les thèmes qui la concernent comme les services, l'agriculture ou la propriété intellectuelle (marques, indications géographiques, etc.) mais aussi sur d'autres sujets qui avaient été écartés de la négociation multilatérale : normes sociales, concurrence, investissement, marchés publics. Tous ces thèmes, sortis par la porte du multilatéralisme sont revenus par la fenêtre du bilatéralisme...

Lorsque les traités sont élargis à de nouveaux sujets, les économistes parlent d'intégration profonde (*deep integration*) en contraste avec une intégration plus traditionnelle qui serait « superficielle » (*shallow integration*). La première impliquerait des mesures prises « à l'intérieur des frontières » en impliquant une adaptation des régulations nationales comme la concurrence, le travail, l'éducation ou la fiscalité. La seconde se limiterait aux mesures « à la frontière » comme les droits de douane, les droits antidumping, les mesures sanitaires, l'immigration.

L'Union Européenne a choisi la voie « profonde » en négociant des accords que, pour sa part, elle qualifie de « nouvelle génération ».

Les accords peuvent donc contenir des dispositions qui vont au-delà de celles pointées par l'OMC (Figure 6) comme entre autres : l'éducation, la coopération culturelle, la recherche, l'assistance financière, la protection du consommateur, la protection des données, la coopération industrielle, les petites et moyennes entreprises, les statistiques, la fiscalité, la lutte contre la corruption, les droits de l'homme, etc.

Cet approfondissement des accords a des implications importantes pour l'analyse économique et donc pour les impacts de ces accords. Jusqu'à maintenant les manuels d'économie et les modèles utilisés ne prenaient en compte que la baisse des droits de douane et, le cas échéant, des mesures non tarifaires (subventions, quotas, etc.) converties en « équivalents tarifaires ». Mais les effets attendus des régulations « à l'intérieur des frontières » sont plus difficilement quantifiables. En contrepartie, l'impact des accords commerciaux devient plus difficile à estimer.

La « profondeur » des accords influence-t-elle le commerce ? Pendant longtemps, les économistes l'ont étudié sous l'angle de leur nature et, sans surprise, les traités d'Union douanière sont apparus plus favorables au commerce que les simples traités de libre-échange qui eux-mêmes le stimulait davantage que les traités non réciproques de type SGP ou Lomé-Cotonou[35]. Plus récemment, des bases de données sont apparues permettant de mieux identifier les différents *items* contenus dans chaque accord[36]. Les études tendent à confirmer que plus les accords sont « profonds », c'est-à-dire contiennent un nombre plus élevé de thèmes, plus ils favorisent le commerce bilatéral du moins jusqu'à une certaine limite[37]. Mais, au-delà des traditionnels questions méthodologiques (de type : est-ce l'accord qui stimule le commerce ou le commerce qui favorise l'accord ?) ces études n'appréhendent pas toujours très clairement les effets sur les pays tiers. Par ailleurs, elles ne suffisent pas non plus à quantifier les effets sur la croissance, l'emploi, les salaires…

Figure 6 - Pourcentages d'accord en vigueur contenant des dispositions en dehors du champ de l'OMC (2018)

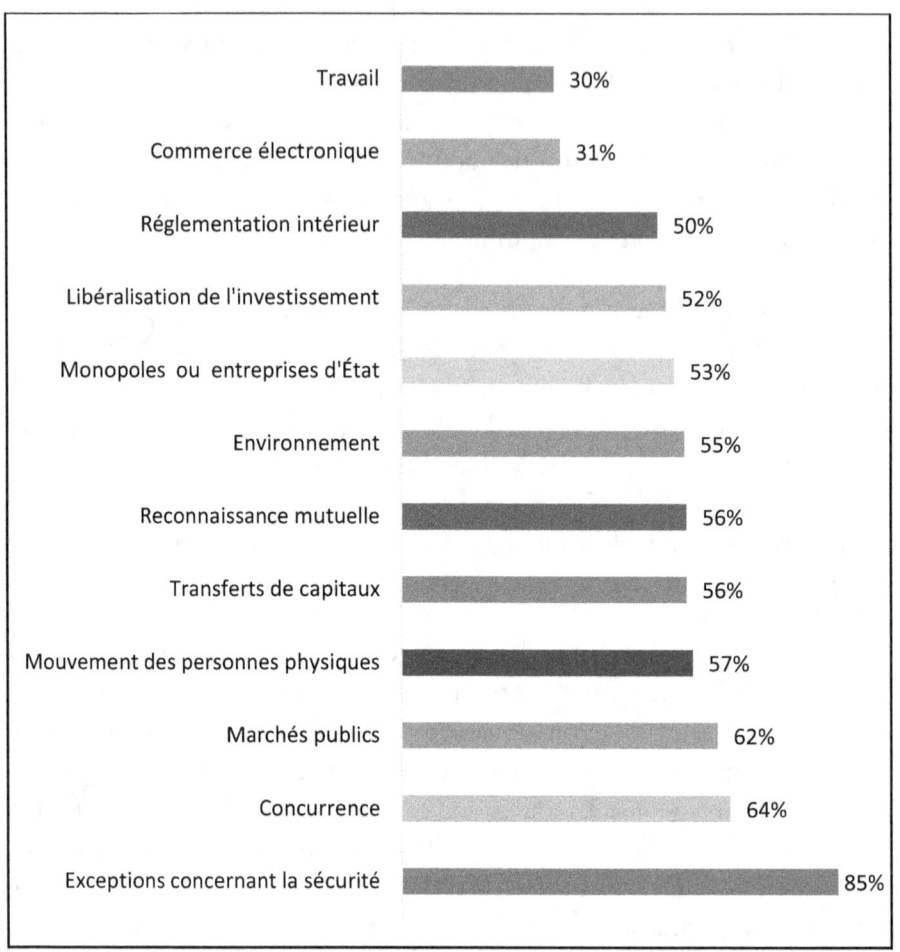

Source OMC – RTA database

Ces accords ont-ils favorisé le commerce international ? La moitié des accords est entrée en vigueur entre 2002 et 2012 alors que depuis 2010 le commerce international croit sensiblement au même rythme que la production. Ce manque de dynamisme est inédit.

Paradoxalement, la multiplication des accords commerciaux a pu contribuer au ralentissement de la croissance du commerce international ce qui étonnera les commentateurs et les responsables politiques davantage, on l'espère, que les économistes. Même si la constitution de grands blocs protectionnistes, qui obsédait tant les Etats-Unis, ne s'est pas réalisée, rien n'assure que les « effets de détournement » qui réduisent le commerce ne l'emportent pas sur la création favorisée par les traités commerciaux bilatéraux.

Nous avons vu les effets protectionnistes des règles d'origine qui favorisent un recentrage de l'approvisionnement en biens intermédiaires au profit des producteurs nationaux ou de la zone concernée. Les traités commerciaux contredisent alors ce qui stimulait le commerce des années 1990-2000, la mondialisation des chaines de valeur.

Par ailleurs, certaines des dispositions introduites dans les accords de la « nouvelle génération » imposent des contraintes, parfois coûteuses, en termes de droit du travail, de sécurité, de normes environnementales. Les éventuelles mises à niveau ont un coût. Certaines mesures sont plus ambiguës : les appellations d'origine permettraient certes aux producteurs français de vendre davantage de Roquefort au Canada, mais les producteurs canadiens qui utilisent abusivement l'appellation, exporteraient moins. Le cas des investissements directs, dont la sécurisation est devenue un des objectifs majeurs des accords de la nouvelle génération, est lui aussi équivoque. Le traité sera défavorable au commerce mondial si la production sur place se substitue aux exportations. Il lui sera favorable s'il favorise la délocalisation d'une production destinée au marché d'origine, sous forme de bien final ou de bien intermédiaire. Mais ce type d'investissement a davantage été porté par la prolifération des zones franches d'exportations dans les pays émergents que par les traités commerciaux.

Par rapport à ces craintes traditionnelles les accords de la « nouvelle génération » tout comme la prolifération des traités de libre-échange pourraient avoir sur le commerce des effets négatifs sous-estimés par les experts.

Les accords commerciaux européens sont-ils anti-démocratiques ?

Les négociations commerciales mobilisent les groupes de pression. La politique commerciale commune de l'Union Européenne les a déplacés des capitales européennes à Bruxelles ce qui leur a permis de rationaliser leurs actions mais aussi de les disperser d'autant plus facilement qu'ils défendent des intérêts contradictoires. Si les firmes nationales et les lobbies professionnels apparaissent particulièrement actifs, la société civile, c'est-à-dire les syndicats ou les organisations non gouvernementales (ONG), ont également vu leur influence se renforcer.

En empilant les sujets couverts par les négociations commerciales, les accords de la « nouvelle génération » ont ouvert de nouvelles portes à ces groupes de pression[38]. Mais la causalité n'est pas à sens unique. Concilier les intérêts contradictoires des groupes de pression impose aussi d'ajouter ou d'élargir les sujets. Du côté des producteurs, l'industrie pharmaceutique argumentera en faveur du renforcement des brevets et les vignerons des appellations d'origine tandis que les syndicats réclameront l'inclusion de normes sociales plus exigeantes.

Pourtant, dans les pays les plus démocratiques, les accords de la « nouvelle génération » posent des problèmes institutionnels. Si les compétences en matière de politique commerciale sont, en général, assez clairement définies, les contours même de cette politique commerciale sont devenues beaucoup plus flous. Dans les pays fédéraux, parmi lesquels on peut inclure l'Union Européenne, la politique commerciale est de compétence fédérale (de compétence « exclusive » dans l'Union européenne). Mais les questions relatives notamment au droit du travail, aux normes environnementales, aux investissements financiers, à la fiscalité ou à la santé peuvent relever de la compétence des États ou des Provinces dans les pays fédéraux ou de la compétence partagée des pays membres dans l'Union européenne.

La question n'est pas nouvelle. Une des raisons pour lesquelles des pays comme les Etats-Unis ou le Canada ont si peu ratifié de conventions de l'Organisation Internationale du Travail est justement qu'elles ne relèvent pas toutes de la compétence fédérale. Il devient alors plus difficile de négocier l'inclusion de telles dispositions dans les traités commerciaux. Les accords de la nouvelle génération peuvent donc se heurter à cette contradiction : une volonté affirmée d'élargir les sujets, mais des contraintes institutionnelles qui obligent à les limiter !

L'Union Européenne n'échappe pas à ces difficultés. Comme nous l'avons vu, la politique commerciale est de compétence communautaire exclusive. Le traité de Lisbonne a d'ailleurs élargi son champ en distinguant ce qui relevait d'un vote du Conseil à la majorité qualifiée, notamment le commerce des biens, et ce qui relève de l'unanimité lorsque l'accord contient « *des dispositions pour lesquelles l'unanimité est requise pour l'adoption de règles internes* ». De fait, par facilité et parce qu'ils forment un bloc, les accords qui contiennent les deux types de dispositions, sont approuvés à l'unanimité par le Conseil.

Mais les accords de la nouvelle génération contiennent aussi des dispositions qui ne relèvent pas de la compétence exclusive. Dans ce cas, c'est une procédure dite « mixte » qui doit être suivie pour conclure les accords. En plus du Conseil et du Parlement européen, l'accord doit également être ratifié par les pays membres qui peuvent eux-mêmes être astreints à demander l'approbation des Parlements provinciaux quand la disposition relève de ce niveau de compétence. C'est le cas en Belgique.

La question des ratifications, mal réglée par le Traité de Lisbonne, a été soulevée à l'occasion du Traité avec Singapour. Le Parlement Européen s'était opposé sur ce point au Conseil. Le premier, plus fédéraliste, considérait que l'accord relevant de la compétence exclusive de l'Union, il n'y avait pas lieu de le faire ratifier par les pays. Le second, plus attaché au respect des compétences nationales, estimait que certaines dispositions relevaient de la compétence partagée (transports, environnement, …) ou de la compétence exclusive des États (transparence, investissements étrangers autres que directs). L'accord avec Singapour, tout comme le CETA avec le Canada, devait donc être considéré comme « mixte » et être approuvé à la fois par l'Union (Conseil et Parlement) et par chacun des États membres.

Dans son avis 2/15 du 16 mai 2017 sur l'accord avec Singapour, la Cour de Justice de l'Union Européenne (CJUE) a considéré que si certains domaines relevaient bien de la compétence exclusive de l'UE (certains services de transport et marchés publics, normes de base en matière de travail et d'environnement) et n'exigeaient donc pas la ratification par les Parlements nationaux, d'autres ne relevaient pas de ce statut. En effet, si le Traité de Lisbonne a fait entrer les investissements étrangers directs dans le domaine de la compétence exclusive de l'Union, les autres types d'investissements, comme les investissements de portefeuille, relèvent de la compétence partagée tout comme le règlement des différends entre États.

En fait, tous les traités de la « nouvelle génération » négociés ou paraphés par l'Union Européenne incluent des dispositions qui ne relèvent pas de sa compétence exclusive. Ils devront donc être approuvés par chaque État membre. Cet avis de la Cour de Justice n'examinait que le statut des clauses de l'accord avec Singapour. D'autres traités pourraient introduire d'autres dispositions dont le niveau de compétence reste mal défini notamment la « coopération réglementaire », qui pourrait atteindre des niveaux de compétence nationaux voire régionaux.

Avant même l'avis de la Cour de Justice de l'Union Européenne, la Commission européenne avait décidé de soumettre la ratification du traité avec le Canada (*Comprehensive Economic and Trade Agreement* ou CETA[39]) à une procédure mixte, pour des raisons avant tout politique, car le fondement juridique d'une ratification limitée à l'échelon européen était suffisamment faible pour ne pas se prêter à l'accusation d'un « coup de force ».

La procédure mixte crée un très grand risque puisqu'elle confère *de facto* un droit de *veto* à chaque Parlement national et même, dans certains pays, aux Parlements provinciaux, soit … 38 parlements au total[40]. Ainsi, en octobre 2016, le Parlement de la Fédération Wallonie-Bruxelles avait dans un premier temps refusé d'approuver le CETA avant d'obtenir un certain nombre d'engagements du gouvernement belge notamment sur le règlement des différends États-investisseurs.

En septembre 2017, le CETA a pourtant été mis en œuvre « à titre provisoire » avant même sa ratification par les États membres en prenant néanmoins la précaution de suspendre les mesures qui ne relevaient pas de la compétence exclusive, notamment les investissements et le règlement des différends États-investisseurs.

Cette segmentation conduit très naturellement aux recommandations de la Commission Européenne formulée en mai 2018. Les traités de la nouvelle génération pourront se scinder en deux. Le premier regroupera les dispositions qui relèvent de la compétence exclusive de l'Union et ne seraient donc approuvés que par le Conseil et le Parlement Européen. Le second traiterait des sujets qui relèvent de la compétence partagée ou de la compétence exclusive des états membres, notamment les investissements et la procédure de règlement des différends États-investisseurs. Il devrait alors être ratifié par chacun des États membres.

Cette ratification du traité « commercial » par les seuls niveaux européens ne manquera pas d'apparaitre comme anti-démocratique, même si l'accusation est difficilement tenable. En effet, ce ne sont pas, comme on l'entend parfois, les « technocrates » de la Commission qui ratifient les traités, mais les représentants de gouvernements élus - le Conseil - et, vraisemblablement, à l'unanimité. Il devra par ailleurs être approuvé par les députés européens élus au suffrage universel direct. Serait-il plus démocratique de laisser un parlement national ou régional, quel qu'il soit (l'Allemagne, Malte, la Hongrie, le Parlement Wallon, etc.) bloquer un traité voulu par la majorité, voire la totalité des autres membres ?

Le vrai débat ne se limite pas au caractère démocratique ou non de la procédure de ratification, mais sur la nature même du projet Européen. La politique commerciale commune, voulue dès le Traité de Rome de 1957, est incontestablement la principale, touche fédérale d'une Union qui n'aspire plus à l'être. Par ses traités successifs, l'intégration européenne a pourtant progressé. Elle a étendu les domaines de sa compétence exclusive, réduit l'exigence d'unanimité, démocratisé les prises de décisions en donnant davantage de responsabilités au Parlement européen, dont celui de ratifier les accords commerciaux. On peut, bien sûr, regretter cette évolution. Mais les opposants à la nouvelle procédure de ratification, qui respecte les traités et les clarifie, comptent aussi dans leurs rangs des Européens convaincus qui devraient comprendre que critiquer le principe même d'une ratification par les seules instances européennes, c'est défendre une régression vers une conception dure et eurosceptique d'une « Europe des Nations » qui serait, de fait, une « non-Europe ». Peut-on à la fois regretter l'incapacité de l'Europe à traiter de questions qui relèvent (plus ou moins) de la compétence exclusive des États comme le traitement des flux migratoires, l'accueil des réfugiés, le dumping fiscal et en même temps, lui contester la légitimité d'agir dans les domaines qui relèvent, depuis l'origine, de sa compétence ?

Appliquée, cette recommandation de la Commission de scinder les traités faciliterait certes la ratification, mais aurait deux implications, une en amont, l'autre en aval.

En amont, les négociations seraient *de facto* séparées. En effet, le jeu de donnant-donnant, des concessions dans un domaine qui relève de la compétence de l'Union peut avoir pour réciproque une concession de l'autre partie dans un domaine qui relève de la compétence nationale. L'un peut accepter les règles d'origine de l'autre, mais à condition qu'il accepte une procédure de règlement des différends plus conforme aux intérêts de ses firmes multinationales. Avec deux traités, ce « grain à moudre » de la négociation s'estompe car les partenaires ne pourront pas avoir la garantie qu'une concession qui relève d'un traité trouvera effectivement sa contrepartie dans l'autre traité si sa ratification est plus incertaine.

En aval, si certains points du traité « commercial » ne manqueront pas d'être contestés, le contenu du second traité, principalement dévolu à l'investissement, le sera encore bien davantage, y compris par certains dirigeants européens eux-mêmes assez peu suspects, par ailleurs, d'hostilité à l'égard des traités.

En effet, les traités commerciaux de la nouvelle génération traitent fréquemment des investissements étrangers et des différends susceptibles d'opposer les firmes multinationales, au gouvernement du pays d'accueil qui ne respecterait pas ses engagements ou qui adopterait des lois ou des règles susceptibles de leur faire perdre une part ou la totalité des bénéfices escomptés. Ainsi, l' « expropriation » est entendue dans un sens très large qui ne se limite pas à une expropriation directe mais à toute mesure qui pèserait même indirectement sur la valeur de l'entreprise. Pour la société civile, la procédure « par défaut » de règlement des différends entre les investisseurs et les États (*Investor-State Dispute Settlement* ou ISDS), peut être contraire aux valeurs nationales et européennes. Les accords permettent ainsi aux firmes multinationales de se retourner auprès d'un organisme, généralement le *Centre International pour le Règlement des Différends relatifs aux Investissements*, CIRDI. Cette organisation a beau dépendre de la Banque Mondiale, cette caution ne suffit pas à lui conférer une légitimité acceptable en Europe. Cette cour d'arbitrage qui ne fait pas appel à des juges professionnels mais à des experts (arbitres) rend difficile d'établir une cohérence dans le temps et d'assurer la transparence de décisions qui, par ailleurs, excluent la possibilité d'un appel.

En 2017, le Conseil a donc pris l'initiative de proposer la création d'un tribunal multilatéral des investissements qui « vise à mettre en place un système destiné au règlement des différends internationaux en matière d'investissements qui soit permanent, indépendant et légitime; prévisible grâce à une jurisprudence cohérente; permette d'interjeter appel des décisions; engendre peu de coûts; repose sur des procédures transparentes et efficaces, et permette à des tierces parties d'intervenir (y compris, par exemple, les organisations environnementales ou du travail intéressées). L'indépendance du tribunal devrait être garantie par des prescriptions strictes en matière de déontologie et d'impartialité, des nominations non renouvelables, l'emploi à temps plein des arbitres et des mécanismes de nomination indépendants. »[41] Encore faudrait-il que les partenaires commerciaux acceptent de recourir à ce nouvel organisme qui, bien que « multilatéral » ne manquera pas d'être perçu comme européen. C'est, parmi d'autres, une des raisons de la rupture des négociations avec les Etats-Unis.

Mais au-delà même du processus de règlement des différends c'est la possibilité qui est donnée aux firmes multinationales de remettre en cause la souveraineté des états en matière de règlementation et de législation qui est posée. Le cigarettier Philip Morris, figure emblématique des mauvaises pratiques, s'est rendu ainsi très impopulaire en portant plainte contre l'Australie, « coupable » d'imposer des paquets neutres qui feraient disparaître la marque. Certes, Philip Morris n'a pas obtenu gain de cause, mais, sans le vouloir, la firme américaine a sensibilisé les opinions publiques aux dérives possibles. Si, sous la pression de la société civile et de certains gouvernements, des précautions sont prises pour les éviter, notamment lorsqu'elles concernent la santé ou l'environnement, celles-ci sont souvent apparues insuffisantes pour rassurer.

Même si l'Union Européenne parvient à mettre en place sa propre procédure et surtout à la porter du niveau régional au niveau multilatéral, la question restera une épine dans le pied de la politique commerciale extérieure de l'Union qui pourrait contraindre les futurs traités.

6. Les désillusions du post-multilatéralisme

Le charme de l'alternative bilatérale au système multilatéral d'après-guerre s'est révélé illusoire. Les deux modes de négociation se heurtent aux mêmes blocages, notamment la crainte, avérée ou fantasmée, d'effets destructeurs sur l'économie nationale, l'emploi ou l'environnement et, de plus en plus, les réflexes identitaires et nationalistes de pays qui voient dans tout accord commercial un abandon de souveraineté. Les méga-accords ont échoué avant même d'être mis en œuvre, quand le Brexit et la politique commerciale américaine rouvrent le débat sur les institutions qui doivent encadrer le commerce international. Peut-on alors envisager une sortie vers le haut de la crise actuelle ?

Le fiasco des méga-accords commerciaux

Paradoxalement, l'activisme intégrateur des années 1990-2000 soutenu par la prolifération des traités bilatéraux de plus en plus « profonds » a parfois laissé échapper quelques effluves de « non-discrimination » et donc de multilatéralisme. Car les mesures d'intégration profonde « à l'intérieur des frontières » sont plus difficiles à discriminer que celles « à la frontière ». On peut différencier les droits de douane ou les règles d'origine mais pas les règlementations. Un pays pourra assez difficilement introduire dans son droit de la concurrence ou dans son droit du travail des mesures qui ne s'appliqueraient qu'aux pays partenaires. Lorsque, dans le CETA, le Canada s'engage auprès de l'Union Européenne à ratifier les conventions de l'Organisation Internationale du Travail (OIT), le bilatéral se mue en multilatéral.

Dans ce cas, l'intégration profonde relativise la question traditionnelle des effets de détournement. De ce point de vue, mais de ce point de vue seulement, les accords d'intégration profonde développent, mais un peu malgré eux, une forme nouvelle de multilatéralisme.

Les dirigeants des anciens leaders, les Etats-Unis, l'Union Européenne et aussi, dans une certaine mesure, les deux autres membres de l'ancienne Quadrilatérale, le Canada et le Japon, ne s'y sont pas trompés.

Longtemps, ces quatre pays avaient pris soin d'éviter de négocier entre eux, même si dans les années 1990 un projet de partenariat transatlantique avait été esquissé par le Commissaire en charge du Commerce, le britannique Leon Brittan. Comme tout britannique conservateur d'hier et d'aujourd'hui, il cultivait le fantasme churchillien d'une « relation particulière » entre les Etats-Unis et l'Angleterre qu'il désirait porter au niveau européen. On en était resté là.

Pour les Etats-Unis comme pour l'Union Européenne, la montée des pays émergents et, en tout premier lieu de la Chine, et l'affaiblissement du soutien politique aux accords multilatéraux - le cycle de Doha -, ont affaibli le pouvoir de leadership qu'ils exerçaient jusqu'alors. La stratégie du Président Obama (2009-2017), en ligne avec celle de ses prédécesseurs, est appropriée par les Commissions Barroso (2004-2014). Il s'agit de promouvoir un « post- multilatéralisme » qui contournerait une OMC défaillante, rivée à une conception trop étroite des relations commerciales, incapable de se saisir des sujets de l'ancienne économie, comme la concurrence, les investissements ou les marchés publics et moins encore des thèmes de la nouvelle comme le commerce électronique ou la protection des données. Plus grave encore, peut-être, l'OMC ne répondrait plus aux inquiétudes de la société civile notamment en ce qui concerne les droits sociaux, les questions environnementales ou la sécurité alimentaire.

Mais comment promouvoir le post-multilatéralisme sans pour autant rejeter les valeurs multilatérales, fondées sur la recherche de compromis et la valorisation d'intérêts partagés ? La réponse sera : par des méga-accords commerciaux de la « nouvelle génération » qui établiraient de nouvelles normes sur de nouveaux sujets. Ils s'imposeraient à tous dès lors que cumulés, ils représenteraient l'essentiel du commerce international. Les pays récalcitrants, la Chine d'abord mais aussi l'Inde ou le Brésil, n'auraient plus d'autre choix que de s'y rallier par « effet domino », universalisant ainsi les nouvelles règles du jeu du commerce international.

C'est ainsi que l'administration Obama s'engage dans des négociations avec quelques pays de l'APEC (*Asia-Pacific Economic Cooperation*) pour s'élargir progressivement à 12 pays d'Asie ou d'Amérique[42]. Si la Chine ou l'Inde ne sont pas partie prenante, les pays concernés représentent 40% du PNB mondial et 30% des exportations de marchandises. Bien que l'Accord de partenariat transpacifique (TPP) soit signé le 4 février 2016, le Président Trump ne demandera pas sa ratification au Congrès. L'exécutif avait de toute façon peu de chances de l'obtenir quel qu'ait été l'élu(e).

Le deuxième méga-accords entre l'Union Européenne et les Etats-Unis - 27% des exportations mondiales de marchandises - n'a pas mieux abouti. Le « Partenariat transatlantique de commerce et d'investissement » («*Transatlantic Trade and Investment Partnership* » ou TTIP), parfois rabaissé dans ses ambitions sous l'appellation de « *Traité de libre-échange transatlantique* » (*Transatlantic Free Trade Area* ou TAFTA), ambitionnait une « intégration profonde » en intégrant des sujets comme l'investissement, les marchés publics, la concurrence, les normes de travail, l'environnement, les indications géographiques, le rapprochement des législations (notamment dans les services financiers) et des normes techniques. Mais ce projet, très mal préparé et présenté encore plus maladroitement, et qui ambitionnait de ronger le noyau dur des protections, s'est vite heurté à des impasses. Chaque partie avait beaucoup à demander à l'autre, mais trop peu à lui concéder. L'Europe n'accepterait jamais des poulets trempés dans l'eau de javel et les Etats-Unis des fromages non pasteurisés. Il n'y avait pas de grain à moudre et, avant même l'élection de Donald Trump, la négociation mal engagée avait dû être suspendue. C'est en effet en août 2016 que le gouvernement allemand, immédiatement suivi du gouvernement français, annonçait l'échec *de facto* des négociations.

Du côté européen, la vision « post-multilatérale » des relations économiques internationales devait intégrer la quatrième et la septième puissance commerciale, c'est-à-dire le Japon et le Canada (les Etats-Unis et l'Union Européenne ayant chacun un accord avec la sixième, la Corée du Sud et la huitième, le Mexique).

L'Accord économique et commercial global (AEGC) entre l'Union européenne et le Canada (*Comprehensive Economic and Trade Agreement* ou CETA) est donc lui aussi un accord de «nouvelle génération". Signé le 30 octobre 2016, il reste à ratifier même s'il est entré « provisoirement » et partiellement en vigueur le 21 septembre 2017.

Engagé en 2013, l'Accord de partenariat privilégié avec le Japon (*Japan-EU Free Trade Agreement* ou JEFTA) a été finalisé en décembre 2017 et va lui aussi au-delà des questions strictement commerciales en intégrant notamment les « sujets de Singapour » (concurrence, investissement, marchés publics) ou la protection des données. Ratifié en décembre 2018, sa partie commerciale entre en vigueur en février 2019.

Pour l'avenir des relations économiques internationales, la conclusion la plus importante est pourtant l'échec relatif du passage au « post-multilatéralisme », promu par Obama et qui pariait sur l'effet-domino. L'élection de Donald Trump n'a fait que précipiter la mort d'un malade à l'agonie : son prédécesseur n'avait pas réussi à faire ratifier le TPP avant son départ et « sa » candidate Hillary Clinton, qui l'avait autrefois porté comme Secrétaire d'État, le rejetait maintenant. Les onze autres pays signataires dans le traité ont certes confirmé leur engagement dans ce traité ; adapté à la marge, et rebaptisé *Accord de Partenariat transpacifique global et progressiste* (PTPGP)[43], entré en vigueur le 30 décembre 2018 pour les six premiers pays l'ayant ratifié (Canada, Australie, Japon, Mexique, Nouvelle-Zélande et Singapour) qui ont par ailleurs ratifié (Canada, Japon, Mexique), signé (Singapour) un accord avec l'Union Européenne. Mais hors les Etats-Unis, cette sympathique détermination n'est pas à la hauteur du défi.

Du côté européen le TTIP avait davantage été porté par l'ancienne Commission Barroso que par la nouvelle Commission Juncker qui en a hérité et a d'abord dû répondre à la bronca de la société civile qui se plaignait de l'opacité des négociations. Elle l'a moins été encore par les responsables politiques. La Chancelière allemande notamment, s'est révélée plus méfiante qu'enthousiaste.

Ce ne sera donc pas par la voie des méga-accords que le système international se réformera.

Les dispositions non traditionnelles introduites dans les accords visaient certes à favoriser la mondialisation en libéralisant de nouveaux domaines mais d'autres mesures devaient aussi répondre aux opinions publiques en les rassurant sur le respect des droits des travailleurs ou sur l'engagement environnemental. Mais l'équilibre n'a pas été trouvé. Les opinions publiques ont surtout retenu que les régulations « à l'intérieur des frontières » remettaient en cause la souveraineté nationale en matière de lois et de normes protectrices, quelles que soient les précautions plus ou moins adroites introduites dans les textes et généralement non contraignantes. La société civile a d'ailleurs beaucoup moins contesté les dispositions strictement commerciales, comme la baisse des droits de douane, que les questions relatives au règlement des différends entre les firmes multinationales et les États, le risque de moins-disant en matière de normes sanitaires ou sociales ou le risque d'abaissement du « principe de précaution ».

Le Brexit : déclin ou renouveau européen ?

Le 23 juin 2016, 51% des électeurs britanniques se prononçaient en faveur de la sortie du Royaume-Uni de l'Union Européenne. Le 29 mars 2017, le gouvernement britannique notifiait à la Commission cette décision au titre de l'article 50 du traité sur l'Union Européenne. La sortie deviendrait effective deux ans plus tard, le 29 mars 2019 à 23 heures heure de Greenwich, mais le 30 mars à 00 :00 heure de Bruxelles... L'article 50 permet aussi de prolonger le délai de deux ans avec l'accord unanime des parties. Les négociations sur le retrait ont commencé en juin 2017 pour un « accord » » - un *deal* – intervenu en décembre 2018.

Au-delà des discours des partisans du *leave* (« quitter ») sur la bureaucratie européenne, la contribution au budget communautaire et les pertes de souveraineté, l'argument le plus stupéfiant était la promesse que l'Angleterre ne quitterait pas l'Union européenne pour s'isoler, mais bien au contraire pour s'ouvrir davantage au Monde et s'extirper ainsi du carcan étroit d'une Europe trop protectionniste et insuffisamment libérale. Que les électeurs en aient été conscients ou non, le Brexit loin d'être un vote anti-mondialisation réclamait son approfondissement. Car l'héritage de l'Angleterre c'est le Monde, à commencer par le Commonwealth - l'Empire - et les Etats-Unis qui, évidemment, ne pourraient que se réjouir d'une Angleterre un temps égarée sur un continent hostile.

L'Empire est resté un mythe que les politiciens, essentiellement conservateurs, se sont efforcés d'entretenir. Pour le Churchill d'après-guerre, l'Angleterre se devait certes de parrainer les Etats-Unis d'Europe et la réconciliation franco-allemande, ce qui fera de lui un « grand

Européen », mais il était bien clair que les britanniques n'en seraient pas. Le « grand large » : les Etats-Unis et le Commonwealth d'abord (sans qu'on sache vraiment dans quel ordre), l'Europe ensuite.

Les partisans du Brexit ont ainsi rouvert le roman national britannique, l'histoire d'une nation écumant les mers pour s'enrichir dans l'échange et qui, hors de l'Europe, pourra enfin renouer avec son destin. Dans son discours du 17 janvier 2017, Theresa May, Premier Ministre, considère que le Brexit exprime le désir d'une « *Grande-Bretagne véritablement mondiale* » en remarquant que « *Beaucoup en Grande-Bretagne ont toujours estimé que l'adhésion du Royaume-Uni dans l'Union européenne s'est faite au détriment de nos liens dans le reste du monde et au détriment du libre-échange avec le reste du monde.*"

Certes, le Commonwealth a 5 fois plus d'habitants que l'Union européenne et son territoire est 7 fois plus étendu. Mais les plus importants d'entre eux - l'Inde, la Nouvelle-Zélande, l'Australie, le Canada - négocient avec l'UE qui, même réduite à 27, est 7 fois plus peuplée et 18 fois plus grande que le Royaume-Uni. L'UE dispose d'un autre avantage : c'est un bloc compact et homogène, quand le Commonwealth se disperse sur tous les continents. Quant à la « relation particulière » avec l'Amérique elle repose sur un déni : elle ne fut jamais réciproque. Les Etats-Unis ne se sont jamais considérés comme liés à l'Angleterre, alliée parmi les autres et entachée d'un péché originel, le colonialisme. Les Etats-Unis n'aiment l'Angleterre que soumise.

Dans la négociation de retrait, la principale différence de point de vue entre les Anglais et les Européens est que les premiers raisonnent en termes de gagnant-gagnant par rapport à un post-Brexit sans accord, un peu comme si l'adhésion à l'UE n'avait jamais existé. Les Européens quant à eux comparent la situation initiale du pré-Brexit par rapport au post-Brexit. Ils considèrent que la décision unilatérale du Royaume-Uni conduit nécessairement à une situation perdant-perdant qui leur a été imposée par le vote britannique. L'UE n'engage donc pas la négociation pour gagner quelque chose, mais pour minimiser ses pertes monétaires, économiques et politiques avec l'obsession de ne pas créer un précédent qui conduirait à diluer l'Union Européenne.

Le Royaume-Uni subira une perte plus importante que celle de l'UE. Il assumera seul des tâches auparavant confiées à Bruxelles et qui bénéficiaient d'économies d'échelle comme la politique de la concurrence, les règlementations sanitaires et, bien sûr, la politique commerciale. Elle affrontera le risque de délocalisation de ses firmes dans tous les secteurs, et pas uniquement dans le secteur financier. L'industrie britannique, qui avait connu une renaissance remarquable, stimulée notamment par les investissements étrangers, pourrait voir sa structuration remise en cause par la rupture de la chaine de valeur. La crise économique n'est pas inéluctable, mais les futurs gouvernements devront être très imaginatifs pour trouver une alternative qui éviterait un retour au lent déclin britannique qu'un demi-siècle plutôt, l'adhésion du Royaume Uni avait contribué à enrayer.

Le rapport de force est évidemment du côté des 27. Le RU, ne représente que 16% du PIB européen. Il est en position de demandeur vis-à-vis de tous les autres. Mais il n'est pas acquis que, pour l'Angleterre, un accord soit meilleur que pas d'accord du tout, tant pour des raisons économiques que pour des raisons politiques.

Car le Royaume-Uni s'est trouvé confronté à un trilemme impossible :

- Il opte pour un Brexit « doux » de type Espace Économique Européen (EEE), marché commun sans union douanière. Elle impose une liberté de circulation des personnes plus ou moins limitée, mais perpétue une grande partie des contraintes rejetées par les électeurs comme la contribution au budget européen et l'adaptation aux règles européennes. La possibilité de négocier des traités serait également fortement réduite car le RU serait contraint d'imposer à ses partenaires potentiels le respect des normes et des règlementations européennes. En cas d'Union douanière, alternative à l'EEE, le Royaume-Uni ne pourrait plus négocier ses propres accords commerciaux éteignant ainsi la flamme mondialiste des pro-Brexit. Les pertes économiques seraient contenues mais la perte politique serait maximale. Non seulement le Brexit ne répondrait pas au slogan de ses partisans - « *Take back control* » (Reprenons le contrôle), mais il l'inverserait puisque le

Royaume-Uni ne participerait plus à la prise de décisions qui pourtant les concernent. Il n'aurait plus de Commissaires, plus de députés et, à terme, plus de fonctionnaires européens ...

- Il opte pour un Brexit « dur » limité à un traité de libre-échange de type CETA ou, à la rigueur, suisse, avec des traités bilatéraux qui complètent le traité de libre-échange. Le vote britannique est respecté, le Royaume redevient libre de ses accords commerciaux, mais la perte économique est relativement élevée. L'Angleterre, compétitive et excédentaire dans les services, devra renoncer au libre-accès au marché européen notamment pour les services financiers. Pour exporter ses marchandises vers l'Europe elle devra respecter des règles d'origine qui contraindront ses approvisionnements en biens intermédiaires et compliqueront la négociation d'accords commerciaux avec le reste du Monde. Les firmes implantées en Grande-Bretagne seraient alors encouragées à se délocaliser dans l'Union européenne. Ces mêmes règles d'origine imposeront à la Grande-Bretagne de rétablir une frontière entre les deux Irlande où entre celle-ci et la Grande-Bretagne, si l'Irlande du Nord devait acquérir un statut d'autonomie douanière. La province pourrait rester dans le marché unique mais se rapprocherait ainsi d'une réunification dont ne veulent à aucun prix les Unionistes nord-irlandais.

- Finalement, il n'est même pas certain que cette dernière solution soit très sensiblement préférable à celle d'une absence d'accord. L'Union Européenne appliquerait alors au Royaume-Uni ses tarifs NPF (nation la plus favorisée), les mêmes que ceux appliqués aux pays non liés par un traité commercial, comme les Etats-Unis ou la Chine. Quant à elle, le Royaume-Uni devrait sans doute reprendre la grille tarifaire de l'Union Européenne pour ne pas avoir à négocier ses droits à l'OMC, ce qui ne l'empêcherait pas d'appliquer, des droits plus faibles. Assez paradoxalement, peut-être, l'UE pourrait trouver dans une Grande-Bretagne isolée un allié pour défendre le multilatéralisme, seule option pour un pays brutalement dépouillé de ses accords commerciaux. À l'inverse, L'UE pourrait devoir affronter les attaques prédatrices d'un Singapour atlantique, dont rêvent les libertariens pro-Brexit et qui manierait tous les dumpings qu'ils soient sociaux, environnementaux ou fiscaux… Mais la Grande-Bretagne n'est ni un ilot des Caraïbes, ni une ville-État asiatique et elle n'aurait sans doute pas les moyens politiques, économiques et financiers de mener cette guerre…

- Aucune des voies qui viennent d'être évoquées ne bénéficie d'un soutien politique suffisant et même si le gouvernement britannique trouvait la combinaison complexe qui lui conférerait un soutien interne minimal, il est très improbable que l'Union Européenne accepte des dispositions tordues qui remettraient en cause ses principes. De fait, la meilleure solution pour le Royaume-Uni serait sans aucun doute - humiliation suprême - de renoncer au Brexit. Mais arriverait-elle à préserver l'influence qu'elle exerçait autrefois sur l'Europe et qui avait freiné les velléités fédéralistes et poussé l'Union vers un libéralisme thatchérien.

La régression américaine

Les seules formes de mondialisation qui ont façonné l'Amérique sont les migrations, européennes puis asiatiques et hispaniques. Quand, au XIX° siècle, le continent européen s'ouvre au commerce, l'Amérique accueille ses pauvres - les Irlandais, les Italiens, les Allemands… - et ses persécutés - juifs d'Europe centrale, Arméniens…-. Pour le reste, les Etats-Unis, malgré leur taille et en partie à cause d'elle, n'ont jamais été très ouverts au commerce.

Contrairement à la domination britannique, la suprématie américaine ne s'est donc pas structurée autour de la mondialisation de son économie. Celle-ci n'a jamais été considérée comme consubstantielle à leur hégémonie politique et même économique. Le roman national américain, n'est pas le roman britannique. Le premier exalte l'esprit pionnier qui avait accompagné la conquête de l'Amérique. Le second glorifie la conquête du Monde.

Dès lors, le libre-échange n'est pas aussi naturel aux Etats-Unis qu'il ne l'est au Royaume-Uni. Dans l'histoire américaine, l'interdiction faite aux colonies anglaises de vendre leurs produits ailleurs qu'en Grande-Bretagne avait conduit à la guerre d'indépendance. Plus tard, c'est le protectionnisme industriel des États du Nord qui entrera en conflit avec le libre-échangisme des producteurs sudistes de coton, de tabac et de canne à sucre, certes esclavagistes, mais très dépendants des marchés mondiaux, et essentiellement européens, pour s'accommoder du protectionnisme. Si la révolution industrielle britannique avait imposé le libre-échange, le décollage industriel de l'Amérique s'abriterait derrière des tarifs comme l'avait préconisé un de ses pères fondateurs, Alexander Hamilton (1757-1804). La loi Smoot-Hawley, qui augmente considérablement les droits de douane, est un autre épisode, parmi beaucoup d'autres, qui confirme cette constante tentation protectionniste des Etats-Unis. Cette loi emblématique ne trouve pourtant pas son origine dans la crise de 1929 puisqu'elle fut adoptée par la Chambre des représentants quelques mois avant le krach boursier, quand l'économie américaine paraissait encore prospère. Si ensuite, pendant la guerre, les Etats-Unis de Roosevelt défendent âprement le libre-échange, c'est moins par idéologie que par pragmatisme. Dans les années 1930, les grandes puissances coloniales avaient achevé de verrouiller leurs marchés coloniaux devenus inaccessibles aux exportations américaines. Mais la guerre met ces Empires sous la dépendance politique et économique des Etats-Unis qui leur impose une ouverture commerciale qui devra d'abord profiter aux exportations américaines. Celles-ci tireront alors la croissance et éviteront ce que tous redoutaient alors, un retour au chômage des années 1930.

Héritage de la guerre de sécession, la tradition protectionniste a longtemps été entretenue par les Républicains du Nord industriel ou par les États agricoles de culture vivrière. La demande intérieure, entretenue par les nouvelles bouches à ouvrir issues de l'immigration, a longtemps suffi pour tirer la croissance. La loi Smoot-Hawley émanait ainsi du Parti républicain et c'est dans ses rangs qu'on rencontrait le plus d' « isolationnistes » hostiles à toute forme de mondialisation, y compris, d'ailleurs, à l'immigration. Après la guerre, les démocrates, à l'image de Roosevelt, sont restés plus internationalistes même si en se ralliant à l'État-Providence et à la défense des droits civiques, le parti s'est coupé de son électorat sudiste traditionnel, conservateur et libre-échangiste. Simultanément, il conquiert l'électorat ouvrier et les syndicats - l'AFL-CIO - qui s'estiment menacés par la mondialisation et militent contre le libre-échange et les traités commerciaux. À l'inverse, le parti républicain porte la révolution libérale et conservatrice défendue par Ronald Reagan, idéologiquement hostile au protectionnisme mais prêt, par pragmatisme politique, à composer avec lui.

À partir des années 1980, sous la pression des syndicats, le parti démocrate, libre-échangiste par tradition, défend donc des positions protectionnistes auxquelles résiste mollement le Président républicain, Ronald Reagan, qui doit puiser dans ses lois nationales, notamment la *Section 301*, les armes d'une guerre commerciale qui frappera le Japon mais atteindra aussi l'Europe et le Canada. Car le parti républicain, ne soutient le libre-échange que s'il n'affecte pas leur électorat et ne remet pas en cause la souveraineté américaine. Pour obtenir les voix républicaines lors de la ratification du traité de Marrakech qui clôt l'Uruguay Round et crée l'OMC, le Président démocrate, Bill Clinton, doit négocier avec le Sénateur républicain Robert Dole, la création d'une commission composée de cinq juges fédéraux qui examinera les décisions de l'Organisation Mondiale du Commerce (OMC). Si cette commission considère que celle-ci donne arbitrairement tort aux Etats-Unis deux fois en cinq ans, le Congrès aura la possibilité de demander à l'exécutif de « *renégocier le processus qui conduit l'OMC à abuser de son pouvoir* » et au bout de la troisième fois le Congrès pourra se prononcer sur un retrait immédiat de son pays. Le Président disposera néanmoins d'un droit de veto. À cette concession du démocrate Clinton aux Républicains s'ajoute le fait que les Etats-Unis ne renoncent pas aux dispositions légales qui permettent au Président de prendre des sanctions unilatérales (mesures souvent regroupées sous l'appellation de *Section 301*) alors même que le traité soumis à ratification les prohibe et oblige les pays membres à suivre la procédure de règlement des différends de l'OMC qui seule, *in fine*, peut autoriser des sanctions.

Donald Trump a réveillé la tentation protectionniste des Républicains. Il l'a même exaltée. Mais il ne l'a pas créée. Il redonne vie à une idéologie plus unilatérale qu'isolationniste et qui n'aime porter son regard que sur l'Amérique. Ce libéral issu d'un pays si peu impliqué dans la mondialisation, dénie au marché et au capitalisme mondial le droit de réallouer les productions dans les régions où elles seront les plus efficaces. C'est la mondialisation de la chaîne de valeur qu'il attaque en espérant bien que ses menaces protectionnistes favoriseront la relocalisation d'activités égarées en Asie ou en Europe. Tel était bien l'objet de la renégociation de l'ALENA qui a surtout abouti au durcissement des règles d'origines.

Le Président Trump ne s'intéresse au Monde qu'attiré par quelque bénéfice à saisir. Il rompt ainsi non seulement avec l'internationalisme démocrate, mais aussi avec l'intermède « néo-conservateur » de George Bush Jr qui conférait à l'Amérique la mission d'apporter l'économie de marché et la démocratie aux pays qui ignoraient ses vertus. Le slogan de Donald Trump, « *America First* » est ainsi repris d'une multitude de « comités » ou de partis éphémères qui ont en commun un isolationnisme qui ne se dissimule plus derrière le pacifisme, comme en 1940, le « comité *America First* » de Charles Lindbergh. Mais Donald Trump propage une vision plus cynique selon laquelle l'Amérique gaspillerait sa puissance en cédant trop aisément aux autres au lieu de la mettre au service des seuls intérêts de l'Amérique. Il puise sa science dans son passé de *businessman* qui, assuré de son expérience dans les affaires, se voit extraordinaire négociateur y compris avec Vladimir Poutine, Xi Jinping et Kim Jong-un, plus d'ailleurs qu'avec Angela Merkel ou Justin Trudeau !

Le « multilatéralisme » issu de l'après-guerre repose sur le postulat d'un jeu « gagnant-gagnant » qui impose des règles stables et négociables. À contrario, l' « unilatéralisme » de Donald Trump ne croit qu'à la fatalité d'un jeu gagnant-perdant. « Nous faisons autant de perte que l'étranger fait de gain » disait déjà, quatre siècles plus tôt, le mercantiliste Antoine de Montchestien (1575-1621) dans son *Traité d'économie politique*. Si l'« internationalisme » hérité de Wilson ou de Roosevelt considère que ce qui est mauvais pour le Monde risque fort de l'être aussi pour l'Amérique, l' unilatéralisme de Trump postule que ce qui est bon pour le Monde est nécessairement mauvais pour les Etats-Unis. Comme tout mercantiliste primaire, l'abyssal déficit commercial américain, qui se situe autour de 800 milliards de dollars, serait la preuve de leur statut de perdant alors même que leur puissance les prédestine à être « gagnants ». Dès lors « Les guerres commerciales sont bonnes et faciles à gagner » comme il l'affirme dans un de ses tweets qui, peut-être, restera dans l'histoire.

Le raisonnement ne se contente pas d'être faux : c'est un contresens et une erreur d'analyse qui risque, cette fois, de faire payer au Monde les inconséquences de la politique économique américaine. Le déficit commercial américain, d'ailleurs à moitié couvert par son excédent dans les services, est dû au simple fait que l'Amérique dépense plus qu'elle ne produit. Elle doit donc s'endetter pour couvrir la différence, ce qui ne lui pose aucun problème puisque le Monde achète, vend et prête en dollars. C'est grâce à son hégémonie monétaire que l'Amérique peut donc offrir durablement à ses citoyens plus qu'ils ne produisent quitte, parfois, à ce qu'ils s'endettent au-delà de toute raison et déclenchent des crises financières mondiales, comme en 2007 avec la crise des *subprimes*. Les autres pays déficitaires n'ont pas cette chance.

Le déficit américain est ainsi la preuve de son hégémonie, pas de sa faiblesse. Quant aux pays excédentaires – l'Allemagne, la Chine, …- le statut de « gagnant » que leur confère Donald Trump signifie seulement qu'ils se privent en dépensant moins qu'ils ne produisent. Ils dégagent ainsi un surplus qui financera … le déficit américain et l'endettement des ménages.

C'est aussi parce que les Etats-Unis ont cette capacité de créer la monnaie internationale que le Président Trump peut impunément creuser son déficit budgétaire en abaissant spectaculairement les impôts. Cette politique fera bondir une dette publique qui devrait atteindre rapidement 120% du PIB et … creuser le déficit commercial. N'importe quel économiste sait que si l'effet sur la croissance est quasi immédiat, ce qui permettra au Président d'afficher des résultats économiques remarquables, il crée d'autant plus de déséquilibres que l'économie américaine est déjà en croissance et en quasi-plein emploi. Dans une économie en surchauffe, les Etats-Unis s'endetteront davantage, certes, mais avec des taux d'intérêt à la hausse qui contraindront les autres pays à les suivre ou à accepter la fuite des capitaux et la dépréciation de leur monnaie. La politique américaine a déjà plongé dans la crise des pays émergents fragiles comme la Turquie, l'Afrique du Sud, le Brésil ou l'Argentine.

Pour Donald Trump, la position fantasmée de perdant revient aux traités commerciaux, non seulement les accords multilatéraux, comme ceux instituant le GATT et l'OMC ou le Traité de Paris sur le climat, mais aussi plurilatéraux comme l'accord de Vienne sur le nucléaire iranien, et même bilatéraux, comme l'ALENA.

La stratégie du Président Trump est donc de déconstruire ce qui, pour lui, nuirait aux intérêts américains. Au-delà des mesures protectionnistes prises dans certains secteurs comme l'acier et l'aluminium et celles qui visent spécifiquement certains pays ou certaines zones comme la Chine et l'Union Européenne, c'est bien l'OMC et le multilatéralisme commercial qui sont visés et, en premier lieu, ce qui gênait déjà les Républicains lors de la ratification, le règlement des différends. S'il lui faut un vote du Congrès pour quitter l'OMC, le Président a néanmoins la possibilité de bloquer l'organe de règlement des différends en s'opposant à la nomination des nouveaux juges de son organe d'appel, ce qu'il fait effectivement.

Beaucoup se sont inquiétés du pouvoir d'interprétation des juges de l'organe d'appel, jugé exorbitant, arbitraire et anti-démocratique, instituant ainsi une sorte de gouvernement des juges au niveau mondial qui serait fondé sur leur jurisprudence autant que sur les textes, souvent imprécis et contradictoires. Mais demain, c'est peut-être ce pouvoir « abusif » des juges qui empêchera les guerres commerciales, de celles qui achèveraient l'OMC. C'est d'ailleurs pour cela que l'administration américaine bloque aujourd'hui la nomination de juges qui pourraient leur donner tort.

Par ailleurs, les mesures protectionnistes adoptées ou annoncées ne se basent plus systématiquement sur les protections conditionnelles reconnues et règlementées par l'OMC, comme les droits antidumping et les clauses de sauvegarde, mais sur la *Section 301* ou l'*article 232* d'une loi commerciale qui date de ... 1962 et qui vise à protéger la sécurité américaine. Dans sa plainte à l'OMC, déposée en juin 2018, la Commission européenne a considéré qu'il s'agissait d'une mesure de sauvegarde, ce qui l'autorise à prendre des sanctions immédiates à titre conservatoire. Mais les Etats-Unis, arguent du très imprécis article XXI du GATT sur les *exceptions concernant la sécurité* pour considérer que les mesures adoptées ne peuvent faire l'objet de plaintes à l'OMC. Ils envahissent ainsi la zone grise de textes qui ne fixent pas le périmètre de la sécurité nationale et qui limitent les recours aux « *cas de violation d'obligations ou d'annulation ou de réduction d'avantages résultant des accords visés, ou d'entrave à la réalisation d'un objectif desdits accords*"[44]. Les Etats-Unis s'estiment alors en droit d'user de l'argument de sécurité nationale pour adopter à peu près n'importe quelle mesure protectionniste car peu de produits ne contribuent pas, d'une manière ou d'une autre, à la sécurité nationale… Jusqu'à maintenant, les pays membres du GATT et de l'OMC, conscient du mauvais usage qui pourrait être fait de l'article XXI, avaient limité son usage par un accord tacite de modération. En 70 ans, une dizaine de cas seulement ont été constatés, comme l'embargo sur les importations argentines pendant la guerre des Malouines (on est loin des importations d'acier canadien…). Mais si les juges ne trouvaient pas une interprétation des textes qui conduirait à condamner les Etats-Unis, n'importe quel pays pourrait arguer de sa sécurité nationale pour multiplier ses mesures protectionnistes faisant de l'OMC une organisation désincarnée, ce qu'elle n'est pas encore tout à fait.

Vers un monde plurilatéral ?

L'enlisement du cycle de Doha a montré que le multilatéralisme d'après-guerre, bien que consolidé en 1995 par la création de l'OMC, ne permet plus de promouvoir l'ouverture des marchés, d'adapter ses règles aux évolutions de l'économie mondiale (économe digitale et intelligence artificielle, chaîne mondiale de valeurs, développement des firmes multinationales, protection des données, propriété intellectuelle…), ni à l'évolution des valeurs qui conduisent à dépasser les repères économiques traditionnels, comme la croissance du PIB, pour en introduire d'autres comme le bien-être social ou environnemental. De plus, on s'aperçoit aujourd'hui qu'elle n'est pas en mesure d'assurer sa première mission : empêcher les guerres commerciales et, a fortiori, de promouvoir une ouverture commerciale qui favorise « *le relèvement des niveaux de vie, la réalisation du plein emploi et d'un niveau élevé et toujours croissant du revenu réel* » (Préambule du GATT).

La réforme de l'OMC est certes à l'ordre du jour. Pour certains, il s'agit d'introduire de nouveaux thèmes qui répondent à une urgence : briser la spirale protectionniste enclenchée par les mesures de « sanctions » prises par le Président Trump contre certains produits (acier aluminium, automobile, …) ou certains pays (notamment la Chine). Néanmoins, les voies proposées réagissent plus souvent aux évènements et aux stratégies d'alliance qu'ils reposent une vision de long terme.

Il est certes justifié de traiter la question des pratiques commerciales inéquitables (ce que fait déjà l'OMC pour certaines d'entre elles comme le dumping), le pillage de la propriété intellectuelle, le transfert forcé de technologie, les subventions industrielles, les distorsions créées par les entreprises possédées par l'État et qui peuvent générer des surcapacités. Mais elles visent trop spécifiquement la Chine pour atteindre le niveau d'universalité qui sied au multilatéralisme.

Le multilatéralisme, incarné par l'OMC, c'est aussi un ensemble de procédures coopératives qui vise à faire de tous les pays des « gagnants » dans le système d'échange international, là où un système non-coopératif nécessairement conflictuel, ne laisserait que des perdants. Si les négociations multilatérales organisent la coopération en amont, la procédure de règlement des différends la sécurise en aval en forçant les membres à respecter leurs engagements.

De ce point de vue, la procédure de règlement des différends de l'OMC a plutôt bien fonctionné, surtout si on la compare aux carences des autres institutions internationales. Elle reste certes à améliorer. Elle doit être rendue plus accessible aux pays les plus pauvres avec des délais raccourcis aussi bien pour l'instruction des plaintes que pour la mise en œuvre des prescriptions.

Mais la vision des Etats-Unis est plus radicale. Il s'agit moins de la réformer que d'affaiblir l'OMC en minant la procédure de règlement des différends pour revenir aux règles de l'ancien GATT, totalement inopérantes puisque le pays pouvait à tout moment bloquer la plainte. En inversant la règle du consensus, exigé pour arrêter la procédure et non pour la poursuivre, l'OMC avait pu devenir un recours et un arbitre, évidemment contesté par les perdants, mais qui, jusqu'aux assauts américains, apparaissait comme le dernier rempart à opposer aux effets dévastateurs des guerres commerciales. Revenir sur cet acquis marquerait une terrible régression qui reléguerait l'OMC au rang d'une organisation fantôme.

Elle a bien fonctionné, du moins … jusqu'à l'arrivée d'un Président Trump, si peu sensible aux vertus du multilatéralisme et qui, comme beaucoup de conservateurs américains, ne voit dans l'OMC qu'un repère d'ennemis de l'Amérique

Comme nous l'avons vu, pour négocier l'ouverture commerciale et les règles qui l'accompagnent le Monde a essayé d'autres alternatives que ces cycles de négociation devenus inopérants. La multiplication des traités de libre-échange qui se télescopent les uns aux autres a rendu assez illusoire le premier principe du multilatéralisme, à savoir la non-discrimination. Le traitement de la nation la plus favorisée ne s'applique aujourd'hui qu'à une part minoritaire du commerce international et ne résiste que par l'échec des méga-accords. Les effets bénéfiques de traités bilatéraux comme ceux qui engagent l'Union Européenne apparaissent de moins en moins significatifs. Ils se heurtent à des difficultés techniques qui les rendent contre-productifs, comme les règles d'origine.

De fait, pour sauvegarder l'acquis de l'OMC, il ne reste qu'une option qui faisait jusqu'à maintenant figure de curiosité, le plurilatéralisme. Des sujets qui se heurtent aujourd'hui au mur du consensus (environnement, droit des travailleurs, etc.) pourraient alors être introduits.

De fait, dès aujourd'hui, et au sein même de l'OMC, le plurilatéralisme peut prendre deux formes qui se distinguent par leur plus ou moins grand éloignement du principe de « non-discrimination ».

Les premiers types d'accords n'obligeraient pas tous les membres de l'OMC à faire partie de l'accord et donc à mettre en œuvre ses implications et d'en respecter les règles. Au nom du traitement de la nation la plus favorisée', les avantages seraient néanmoins étendus à tous, qu'ils aient ou non ratifié l'accord. L'esprit du multilatéralisme commercial serait préservé. Le plus grand risque de cette option, qui semble avoir les faveurs de la Commission européenne, est celui du *free rider*, le « passager clandestin » qui bénéficie de l'accord sans avoir à en respecter les obligations. Les effets de cette tricherie sont néanmoins réduits par la fixation d'un seuil minimal d'adhésion. Le nombre de pays engagés et/ou leur part dans le commerce international garantirait aux pays engagés que les bénéfices attendus de l'accord l'emporteront sur les inconvénients, même si certains pays devaient rester réfractaires. Ainsi l'accord sur le commerce des produits des technologies de l'information (ATI) entré en vigueur en 1997, exigeait un seuil de 90% du commerce mondial des technologies de l'information (les pays signataires représentent aujourd'hui 97% du commerce mondial). Plus récemment, en février 2017, l' « accord sur la facilitation du commerce » est entré en vigueur quand deux tiers des pays membres - le minimum requis - avaient notifié à l'OMC sa ratification. Il est explicitement dit que celui-ci ne s'appliquerait qu'aux pays qui l'ont accepté, même s'il est formellement demandé aux autres de les rejoindre. De fait, ce type de procédure est fréquemment utilisé dans les traités internationaux. Ainsi, la mise en œuvre de l' « Accord de Paris sur le climat » exigeait un seuil minimal de 55 Parties à la Convention représentant au moins un pourcentage estimé à 55 % du total des émissions mondiales de gaz à effet de serre. Cette approche est bien adaptée aux accords qui concernent un « bien public », au sens économique du terme, c'est-à-dire non-rival et non exclusif[45] comme l'est la réduction des émissions de gaz à effets de serre.

Le second type d'accords est plus strictement « plurilatéral » car il met de côté le traitement de la nation la plus favorisée en excluant des bénéfices de l'accord les pays qui ne l'auraient pas accepté. Ils se rapprochent des méga-accords commerciaux par leur caractère « préférentiel », c'est-à-dire discriminatoire, avec toutefois d'importantes différences. Ils permettent une harmonisation des règles qui aujourd'hui s'entremêlent au sein d'accords bilatéraux, tout particulièrement sur des sujets, comme la protection de l'investissement, qui sont aujourd'hui *de facto* hors du domaine de compétence de l'OMC. Ils évitent le risque de télescopage des traités bilatéraux et sont négociés dans un cadre multilatéral, c'est-à-dire au sein de l'OMC. Ils peuvent ne pas impliquer tous les membres dans la négociation, mais tous pourraient s'y engager. Enfin, les différends éventuels autour de ces accords plurilatéraux pourraient être réglés dans le cadre de la procédure de règlement des différends de l'OMC.

Ce deuxième type d'accord ne serait pas nouveau à l'OMC qui en a connu quatre - les seuls à être officiellement qualifiés de « plurilatéraux" - sur les marchés publics, sur les aéronefs civils, sur la viande bovine et sur les produits laitiers. Mais seuls les deux premiers restent aujourd'hui en vigueur.

Ce dernier type d'accords plurilatéraux remet certes en cause le multilatéralisme littéral, mais à tout prendre, bien moins que la prolifération d'accords bilatéraux qui ont laissé l'OMC de côté. Il serait donc assez hypocrite de les condamner au nom de grands principes fondateurs qui ne s'appliquent plus qu'à la marge.

L'OMC dispose donc d'une certaine expérience pour nourrir les discussions sur les principes qui régiraient le plurilatéralisme et qui pourraient être eux-mêmes à géométrie variable. Les accords plurilatéraux peuvent ainsi respecter le traitement de la nation la plus favorisée tout en contenant les comportements de « passager clandestin » grâce à une « masse critique » sur laquelle il n'est pas si difficile de s'entendre. Ils doivent être ouverts à une adhésion de membres qui ne seraient pas du premier cercle. Ils peuvent et, sans doute, doivent être négociés au sein de l'OMC dans une négociation ouverte, mais sans illusion. D'ailleurs, même les cycles multilatéraux réussis n'avaient pas échappé aux réunions restreintes, plus proches de Bruxelles ou de Washington (demain Pékin, New Delhi ou Brasilia ?) que de Genève.

7. L'Europe face aux populismes

La « nouvelle » mondialisation commerciale s'est caractérisée par l'allongement et la dispersion d'une chaîne de valeur mondialisée qui a bouleversé l'organisation et la localisation des activités. Elle a réalloué les tâches plus encore que les produits. C'est bien cette dynamique qui a tiré le commerce durant un petit quart de siècle, des années 1980 à la crise de 2008. Elle a permis aux pays émergents et aux pays de l'Est européen d'accélérer leur croissance et leur développement. Mais si les anciens pays industriels ont augmenté leurs exportations, cette mondialisation de la chaîne de valeur a aussi accéléré leur désindustrialisation, le déclin de territoires délaissés, la croissance des inégalités et du chômage.

La face sombre de l'économie mondiale se reflèterait ainsi dans la montée des partis radicaux et démagogues, égalitaristes et anti-impérialistes à gauche, xénophobes et nationalistes à droite, mais toujours eurosceptiques en Europe. Le fait serait tellement évident qu'il ne se prêterait même plus à discussion. Il le mériterait pourtant car aucune évidence n'est à la hauteur du phénomène. L'ampleur de ces effets et leur influence sur la montée des forces politiques dites « populistes » reste incertaine et on doit se garder de généralisations trop rapides qui proposent des explications simples à des phénomènes complexes.

Mondialisation, pauvreté et inégalités

Les théories économiques qui justifient le libre-échange reposent, comme toutes les théories, sur un état du monde idéal sans bruits, sans aspérités et sans résistance. Il revient ensuite aux économistes de réintégrer ce qui fut écarté et d'apprécier la sensibilité des résultats aux faits et aux hypothèses. Ils le font souvent et en tiennent parfois compte du moins chez les esprits les plus scientifiques et les moins altérés par l'idéologie. Mais ils ont parfois du mal à être entendus tant les réponses du type « ça dépend » sont impopulaires. Et c'est ainsi que se sont oubliées les perversions d'une mondialisation aux vertus considérées longtemps comme trop incontestables pour s'attarder sur les nuances laissées aux agitateurs d'opinions.

Qu'en est-il dans les faits ?

Depuis une trentaine d'années, l'économie mondiale, a connu quelques bonnes nouvelles et un certain nombre de mauvaises. Du côté rose : les inégalités entre les nations se sont réduites et la grande pauvreté qui touchait principalement les pays en développement a fortement régressé. Du côté noir : les inégalités de revenu et plus encore de patrimoine ont augmenté dans la plupart des pays et, pire, la pauvreté dans les pays riches a elle aussi parfois progressé.

Christoph Lakner et Branko Milanovic[46] ont ainsi observé la croissance des revenus réels de la population mondiale entre 1988 et 2008 en fonction de leur situation initiale. Les individus sont rangés des 1% les plus pauvres (le premier centile) aux 1% les plus riches (le dernier centile). L'individu « médian » situé au milieu (50%) compte autant d'individus plus pauvres que lui que d'individus plus riches. Les plus pauvres se trouvent le plus souvent en Afrique subsaharienne et si on rencontre les plus riches dans les pays industriels, on les déniche aussi dans les quelques pays émergents qui ont laissé éclore des grosses fortunes.

Les plus pauvres de la planète auraient ainsi bénéficié en vingt ans d'un taux de croissance de leur revenu qui correspondrait à peu près à la moyenne mondiale soit 20%. Puis au fur et à mesure qu'on se déplace vers les individus (un peu) moins pauvres, la croissance du revenu ne cesse de s'accroître jusqu'à la médiane pour atteindre un taux de croissance du revenu de 80% sur la période. On y trouve notamment les classes moyennes d'Asie, particulièrement dans les pays aussi peuplés que la Chine et l'Inde. Une fois la médiane dépassée, le taux de croissance des revenus s'effondre mais reste positif jusqu'à l'individu plus riche que 80% de la population mondiale qui voit néanmoins son revenu stagner. Aisés quand on les compare aux populations des pays en développement, il s'agit essentiellement des « pauvres » ou des classes moyennes « inférieures » dans les pays industriels. Au-delà, les taux de croissance tendent certes à se relever pour retrouver la croissance moyenne pour les 3% les plus riches, avant d'escalader les sommets. Pour le dernier 1%, c'est-à-dire grosso modo les 80 millions plus grosses fortunes du Monde, le taux de croissance du revenu grimpe jusqu'à 60%.

Puisque l'essentiel de la population des pays développés se trouve dans ces centiles supérieurs, les inégalités de revenu auraient davantage augmenté dans les pays riches et les classes modestes des pays industriels seraient à peu près les seules au Monde à avoir vu leur revenu stagner.

Cette évolution donne à la courbe à l'allure d'un éléphant qui barrirait, la trompe relevée, son cornac installé à l'endroit même où le taux de croissance du revenu serait le plus élevé.

Le graphique présenté ci-dessous (Figure 7) révise ces travaux. Il porte sur les années 1980-2016, atténue le pessimisme de Lakner et Milanovic – la crise de 2008 a plutôt atténué les inégalités - et propose un zoom sur l'extrémité même de la trompe : les 0,001% les plus riches de la planète (environ 80 000 individus) qui auraient vu leur revenu augmenter de … 250%.

Figure 7 - Inégalités mondiales et croissance : la courbe de l'éléphant, 1980–2016

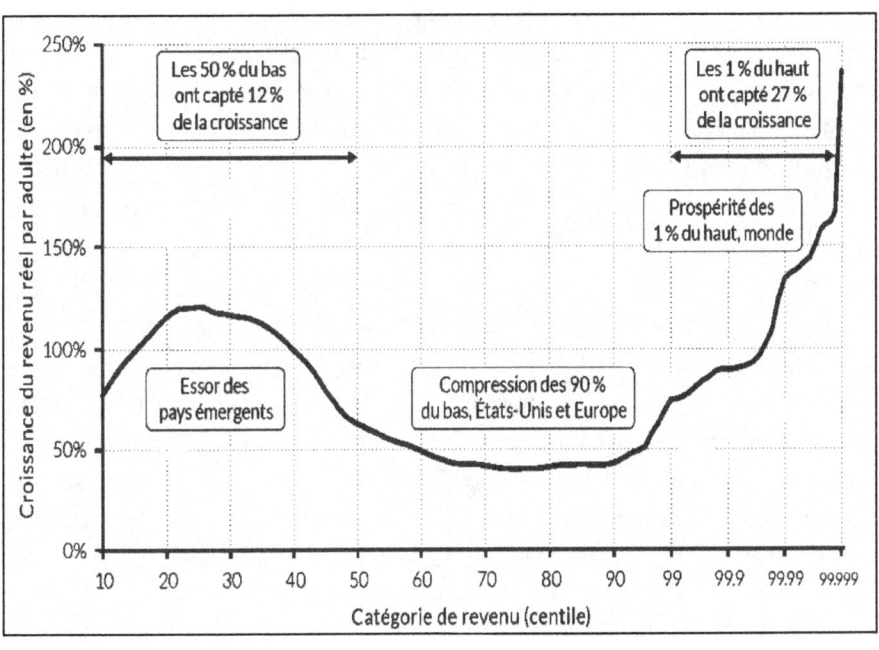

Rapport sur les inégalités Mondiales 2018, publié par le World Inequality Lab.

Mais dans quelle mesure cette augmentation des inégalités doit-elle être attribuée à la mondialisation en général, à la mondialisation commerciale en particulier ?

La théorie économique n'a pas oublié d'étudier les effets de l'ouverture commerciale sur la pauvreté et les inégalités. En effet, le quasi-consensus des économistes - la « pensée dominante » -, porte sur les effets bénéfiques de l'ouverture commercial sur le revenu des pays. Mais il n'a jamais prétendu que tous les citoyens d'un pays donné y gagnaient. Le jeu est gagnant-gagnant entre les pays mais à l'intérieur, il peut être gagnant-perdant.

Ainsi, dès 1941, les économistes Wolfgang Stolper et Paul Samuelson démontraient que dans les pays riches à hauts salaires, les importations des pays plus développés en provenance de pays à bas salaires abaisseraient le pouvoir d'achat des travailleurs tout en augmentant celui des détenteurs de capital et des travailleurs qualifiés[47]. Ce théorème compliqué, enseigné dans toutes les universités, repose pourtant sur une intuition simple : les pays riches délaisseront les activités qui exigent plus de travail peu qualifié au profit de celles plus exigeantes en capitaux et en travail qualifié. L'ouverture commerciale exercera alors une pression à la baisse sur les salaires des premiers. Si celle-ci ne se réalise pas du fait de rigidités, comme l'existence d'un salaire minimum, le chômage pourrait s'accroître. Les économies seraient alors confrontées au choix suivant : soit plus de pauvreté et d'inégalité, soit plus de chômage (et donc de pauvreté aussi). Mais à l'inverse, le capital et le travail qualifié seront davantage demandés pour satisfaire les besoins de l'industrie exportatrice, et leurs revenus augmenteront. Les inégalités s'accroissent donc et pire encore, les travailleurs moins qualifiés verront leur pouvoir d'achat diminuer. La théorie peut trouver des variantes. Si le travail est imparfaitement mobile entre les secteurs, les grands perdants seront les salariés du secteur importateur. Ceux qui ont la chance de travailler dans les secteurs exportateurs pourraient même parfois se ranger du côté des gagnants.

La théorie économique aime la symétrie. Les pays à bas salaires se spécialiseront dans des activités qui exigent davantage de travail peu qualifié. Les salaires augmenteront pour eux, mais baisseront pour les travailleurs plus qualifiés ou pour les détenteurs de capital. C'est donc une réduction de la pauvreté et des inégalités qui est attendue dans ces pays.

De fait, on a bien constaté les effets attendus dans les pays « riches », mais pas toujours dans les pays développement qui ont certes constaté une régression de la pauvreté, mais aussi, pour beaucoup (dont la Chine) une croissance des inégalités.

Les secteurs devenus de grands importateurs sont souvent concentrés sur certains territoires « perdants » quand des territoires « gagnants » s'épanouissaient dans la mondialisation. C'est, grosso modo la « banane » bleue européenne qui s'étire de Londres à Milan après avoir traversé le Nord européen sans pour autant éviter de se faire grignoter sur ses contours par le déclin des industries traditionnelles.

Aucun économiste universitaire, aussi orthodoxe et libéral soit-il, n'a donc vraiment contesté les effets socialement indésirables de l'ouverture au commerce dès lors que personne, ou presque, ne remettait en cause le tabou des gains « nets » de l'échange pour un pays. Les gains des uns l'emportent toujours sur les pertes des autres. Et cela suffit.

Après-guerre, les perdants étaient rares puisque le commerce était tiré par des échanges entre pays riches qui versaient à peu près les mêmes salaires. La situation commence à changer dans les années 1970 avec la percée du Japon et de quelques émergents qui rattrapent, dans certains secteurs, le niveau de productivité des pays occidentaux tout en versant des salaires plus bas. Le débat académique s'ouvre dès 1990 avec, notamment, le succès du livre de l'universitaire anglais Adrian Wood[48] qui montre que les effets négatifs du commerce avec le Sud sur les salaires des peu qualifiés sont loin d'être négligeables. Beaucoup d'autres études suivront et alimenteront les controverses, moins sur la nature des effets que sur leur ampleur, très faibles, voire négligeables, pour les uns, plus élevés pour d'autres. Mais le commerce n'explique jamais plus que 35-40 %, et souvent, beaucoup moins, de l'accroissement des inégalités laissant le champ ouvert à d'autres explications comme le progrès technique ou le déclin des syndicats qui, d'ailleurs, ne sont pas indépendants de la mondialisation.

Lorsque, dans les années 1990, les premières alertes sont lancées sans être vraiment entendues, la Chine est un nain commercial. Son adhésion à l'OMC en 2001 contribuera à faire de ce pays la première puissance commerciale. Certes les négociations furent longues, dures et les exigences sévères, mais comment résister à l'opportunité d'exporter davantage sur un marché en croissance de 1,4 milliard d'habitants[49] ? Et effectivement, la demande chinoise a tiré l'économie mondiale en général, et les pays industriels en particulier. Mais, comme on pouvait s'y attendre, ce fut au bénéfice des secteurs exportateurs et des travailleurs qualifiés et au détriment du secteur importateur et des travailleurs non qualifiés. Et, moins encore que dans les années 1980-90, ni les indemnisations, ni la mobilité du travail ne parviendront à maitriser le malaise social soulevé par le déclassement des vieilles régions industrielles et de leurs travailleurs.

Là où beaucoup d'économistes ont pêché, et avec eux les responsables politiques, c'est qu'en se limitant aux effets économiques, ils ont sous-estimé les conséquences politiques et sociales. En violation même de la philosophie libérale qui inspire la théorie utilitariste dominante, le sort de l'individu est négligé au profit de l'intérêt collectif. Dès lors que, pour l'économie dans son ensemble, les gains de l'échange l'emportent sur les pertes, le libre-échange avec les pays du Sud doit être considéré comme économiquement efficace. Le reste revient à l'intendance, c'est-à-dire à la politique.

Oui, mais, au même moment, l'héritage keynésien et beveridgien de l'après-guerre était discrédité au profit d'un libéralisme, confiant dans les marchés et opposé par principe à la redistribution des richesses considérées comme distorsives et désincitatives. Cette révolution libérale ne laisse alors plus beaucoup d'espace à l' « indemnisation » des perdants. Néanmoins, dans les années 1990 et 2000, il n'est pas laissé vide. Les Etats-Unis peuvent se prévaloir de programmes d'assistance aux travailleurs et les pays européens maintiennent, non sans quelques révisions, leurs allocations chômage et leurs transferts sociaux. Mais ces sparadraps, qui restent trop longtemps collés aux doigts des « perdants », ne suffisent pas à empêcher l'hémorragie. Tous ne jugent d'ailleurs pas ces « indemnisations » utiles. La fameuse mobilité du travail aux Etats-Unis et la liberté de circulation des travailleurs dans l'Union européenne ne devraient-elles pas permettre aux secteurs exportateurs de recruter les travailleurs laissés sur le carreau, quitte à leur faire abandonner leur région ou leur pays d'origine ? Le Marché unique favorisera ces transferts, que défend d'abord la très libérale Angleterre avant de s'en effrayer. Mais ces mouvements ne font que déplacer les inégalités. Les travailleurs en mobilité devront non seulement s'adapter aux nouveaux métiers mais aussi monter en qualification faute de quoi l'emploi trouvé leur éviterait peut-être le chômage, mais pas la chute de leur niveau de vie et de leur statut social. De fait, la mobilité du travail n'a suffi nulle part à régler les problèmes.

Dans les années 2010, les économistes réveillent le débat engagé dans les années 1990, et somnolent depuis. Ils s'intéressent ainsi davantage aux effets locaux et sectoriels des importations chinoises. Mais cette fois, les travaux publiés et notamment ceux de David Autor, de David Dorn et de Gordon Hanson[50] atteignent une large audience et alimentent même les débats électoraux. Ces auteurs montrent ainsi qu'aux Etats-Unis, les importations chinoises auraient directement causé la perte de 1,53 million d'emplois manufacturiers entre 1990 et 2007, soit un cinquième de la contraction de l'emploi industriel. Les régions les plus touchées seraient justement les plus exposées à la concurrence chinoise. Les importations n'auraient pas seulement menacé l'emploi industriel mais aussi les activités qui lui sont liées comme la sous-traitance. Présenté ainsi, l'impact des importations chinoises pourrait paraître exorbitant, mais, par rapport à l'économie américaine, il est relativement limité : 4,5 % de la baisse du nombre de salariés dans l'industrie et chute de 0,8% des salaires. Les effets sont même plutôt plus faibles que ceux estimés auparavant et qui portaient, comme celle de Adrian Wood, sur les années 1980 quand la Chine n'était encore qu'un exportateur insignifiant. D'ailleurs, ces chiffres sont à comparer avec une création nette de trois millions d'emplois entre 1990 et 2007.

Pour la France, une étude similaire[51] confirme cette relation négative entre l'emploi local et la concurrence des importations chinoises avec une ampleur plus faible qu'aux Etats-Unis, mais plus élevée qu'en Allemagne. Entre 2001 et 2007, les destructions d'emplois imputables à la concurrence chinoise auraient été de 90 000 dans le secteur manufacturier et de 190 000 en dehors de ce secteur, ce qui est important mais pas massif. Pendant la même période, la création nette d'emplois était en France de 1,5 millions…(WID).

D'un point de vue méthodologique, ce type d'études, aussi sérieuses et « scientifiques » soient-elles, très utiles pour localiser et, surtout, quantifier les « perdants », négligent la dimension macroéconomique. Les exportations chinoises ont aussi tiré une croissance et une demande mondiale qui a permis aux pays industriels, et à l'Europe (surtout à l'Allemagne, il est vrai…) d'exporter davantage non seulement vers la Chine mais aussi vers les pays émergents, associés au mouvement et qui bénéficiant d'une forte croissance, importaient davantage. Le Monde et l'Europe n'ont jamais été aussi ouverts qu'entre 2000 et 2008. Et alors même que les pays occidentaux augmentaient spectaculairement leurs importations en provenance des pays du Sud, de la Chine et de quelques autres, la France gagnait pendant cette période 1,5 million d'emplois, l'Allemagne, 1 million, le Royaume-Uni 2,1 millions et l'Italie 2,3.

Ce sont donc moins les effets quantitatifs de la mondialisation commerciale qui ont perturbé le système politique que sa répartition et ses effets psychologiques ou sociologiques.

L'intensification des échanges avec les pays à bas salaires et l'extension de la chaine mondiale de valeur a eu sa part, mais seulement sa part, dans l'inégalité croissante de revenus. Les études scientifiques n'ont pas démenti la théorie qui laissait prévoir cette évolution. Mais elles ne closent pas le débat sur les racines de cette évolution.

Encore s'agit-il d'inégalités de revenu. Elles ne doivent pas cacher les inégalités de patrimoine, bien plus fortes encore. Celles -ci avaient fortement diminué au cours du XX° siècle avant que l'évolution ne s'inverse dès les années 1980 aux Etats-Unis puis partout ailleurs, tirée par l'augmentation souvent spectaculaire des patrimoines milliardaires. Ainsi, dans les pays de l'OCDE, la concentration du patrimoine serait deux fois plus élevée que le niveau moyen de l'inégalité des revenus[52].

Pourtant, comme pour les inégalités de revenu c'est en Europe que les inégalités sont les plus faibles et qu'elles ont le moins augmenté. Elles ont même diminué au Royaume Uni par rapport à 1975 (Figure 8).

Figure 8 - Part dans le patrimoine des 1% les plus riches

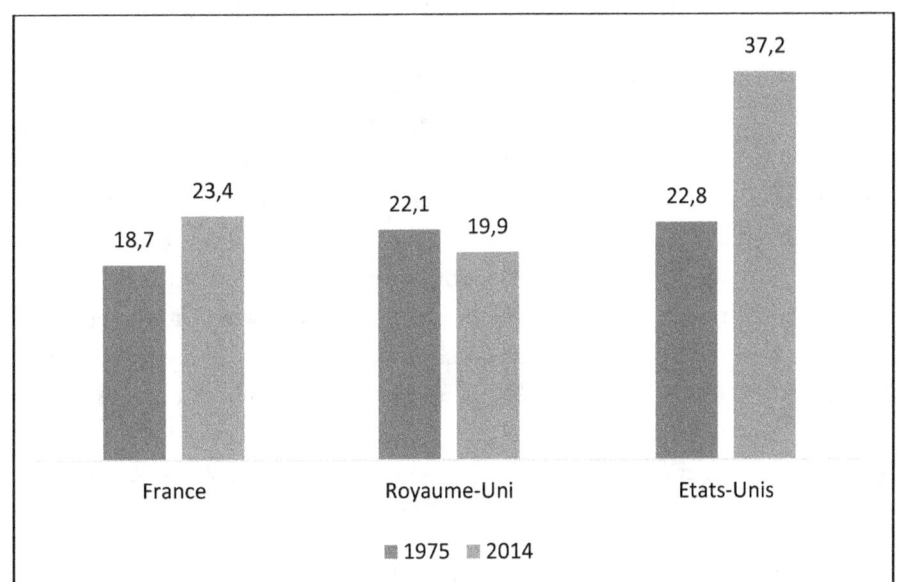

Source : World Inequality Database

Cette évolution a laissé de côté les classes moyennes supérieures pour se concentrer sur les quelques millions d'individus les plus fortunés. Cette inégalité est d'autant plus choquante que les bénéficiaires sont aussi ceux qui ont vu leur revenu augmenter le plus rapidement.

Or si les effets de la mondialisation commerciale sur les inégalités de revenus sont bien établis, il n'en est pas de même sur les inégalités de patrimoine. Si relation il y a, elle doit être bien indirecte.

À l'inflation qui régnait dans les années 1960 et 1970 s'est substitué une inflation d'actifs qui gonfle le prix de l'immobilier et des actifs financiers davantage que celui des biens et des services. Si, a priori, l'ouverture commerciale n'y est pas pour grand-chose, la mondialisation de la finance consécutive à l'effondrement du système de Bretton Woods, a permis aux excédents d'épargne, autrefois engoncés à l'intérieur des frontières, de s'en affranchir. Des flux massifs se sont alors déplacés vers les places financières où les capitaux étaient mieux rémunérés, les perspectives valorisation les plus fortes et les risques moins élevés.

Cette expansion de la finance est spéculative par nature. Les grandes fortunes qui se sont accumulées ne sont pas fondées sur de véritables richesses mais sur le pari de la richesse. Lorsqu'un immeuble voit sa valeur doubler en dix ans, aucun bien supplémentaire n'a été produit. La valorisation ne figure donc même pas dans le PIB. Elle ne crée pas d'emplois. L'enrichissement est nominal. La « création de valeur » qui a longtemps enluminé le discours des grands dirigeants n'est souvent qu'une dilatation du vide. Ces fortunes sont donc fragiles et reposent sur du sable. Elles s'effondrent parfois sous les assauts de tempêtes financières qui corrigent sévèrement les joueurs de cette économie que Keynes qualifiait de « casino ». Le krach de 1929 a anéanti bien des fortunes. Après la guerre, il faudra attendre 1987 pour renouer avec ces épisodes qui voient l'éclatement d'une « bulle spéculative » boursière. En 2007 elle atteindra l'immobilier avant de se propager aux bourses mondiales.

Comme l'ont confirmé sans surprise Reinhart et Rogoff[53], les crises financières s'étendent d'autant plus au Monde que les capitaux circulent librement. Ainsi, la « titrisation » des créances hypothécaires inoculées dans des supports embrouillés et la mondialisation des marchés financiers ont associé le Monde au risque américain. Lorsque la bulle a éclaté et à la suite de la faillite de Lehman Brothers le 15 septembre 2008, c'est l'économie mondiale, et tout particulièrement l'économie européenne, qui s'est effondrée

Ces crises modernes punissent souvent davantage les plus pauvres que les plus riches qui se renflouent vite quitte à laisser quelques loups de la finance sur les bas-côtés. La récession aggrave le chômage et le « mal-emploi » favorisant, cette fois, les inégalités de revenus. Aux Etats-Unis, les ménages surendettés avaient parié sur la valorisation de leur logement acheté à crédit. Il sera finalement revendu par les banques à des prix de misère. Quant aux plus riches, ils sont indemnisés par le renflouement des banques mais surtout par des politiques monétaires expansives et « non-conventionnelles » qui, en prenant le contre-pied des politiques restrictives des années 1930, vont déverser sur les marchés financiers des centaines de milliards de liquidités qui renfloueront les banques et rétabliront le prix des actifs. Cet arrosage généreux a certes permis d'éviter la sécheresse. Elle a permis à l'herbe de reverdir et aux pâquerettes de refleurir. Mais elle a aussi redonné de la vigueur aux mauvaises herbes de la spéculation. L'inflation des actifs et les inégalités patrimoniales qui l'accompagnent pourront de nouveau se disséminer. Des économistes de l'insoupçonnable FMI ont ainsi montré que la mondialisation financière n'aurait eu que des effets limités sur la croissance tout en accroissant très significativement les inégalités. Elle a réduit la part des revenus du travail dans la valeur ajoutée particulièrement dans les secteurs aux licenciements faciles et au pouvoir syndical faible[54].

Une grande partie de l'enrichissement des plus riches est certes due à l'explosion de nouvelles technologies et de méga-firmes symbolisées par les GAFA (Google, Apple, Facebook et Amazon) auxquelles doivent s'agréger bien d'autres géants (Microsoft, Alibaba, Netflix, Twitter, etc.). Elles réalisent parfois de gros profits, mais d'autres fois pas. Elles se construisent des niches de monopole, souvent fondées sur une propriété intellectuelle qu'elles voudraient inviolables (licences, brevets). Elles entretiennent l'espoir de rentes futures. Très risquées, elles sont potentiellement très rémunératrices moins par les profits qu'elles génèrent que par les perspectives de valorisation boursière. Elles sont donc très appréciées des spéculateurs. Plus ou moins prudents, ils consolideront leur portefeuille avec des titres moins flamboyants mais sans risques comme les bons du Trésor que les Etats-Unis déversent généreusement sur les marchés financiers mondiaux afin de financer à bon compte leur déficit budgétaire. La boucle est bouclée. L'Amérique fournira suffisamment de titres sans risques pour que la finance puisse en prendre davantage dans des aventures spéculatives qui pourraient pourtant mal se terminer.

Bien qu'elles ne soient pas les seules, ces mêmes étoiles des marchés financiers participent insidieusement aux inégalités en jouant de leur dimension mondiale pour échapper aux impôts.

Les facteurs de production internationalement mobiles jouissent en effet d'un avantage : ils peuvent « émigrer » vers le territoire qui les taxera moins. Le capital financier est le plus mobile de tous. La propriété intellectuelle définie dans un sens très large, l'est aussi. À l'opposé, les facteurs les moins mobiles - la terre, l'immobilier - ne se déplacent pas et le travail peu qualifié s'exile beaucoup moins aisément que le travail qualifié tant la demande mondiale privilégie les seconds par rapport aux premiers.

Cette fois encore, rien n'est vraiment nouveau. Dès la fin du XIX° siècle, les états américains du New Jersey et du Delaware jouaient des exonérations fiscales pour attirer les sièges sociaux. Mais ces pratiques se sont amplifiées depuis et la concurrence fiscale entre États américains, qui n'a pas disparue[55], est devenue une compétition entre nations et territoires.

La mobilité même de l'assiette fiscale va infléchir la structure fiscale. Les profits des sociétés au lieu d'être taxés dans l'espace qui les a générés, le seront sur le territoire le moins taxé. Des jeux comptables ou des artifices juridiques permettent ces transferts.

Plusieurs techniques permettent en effet de pratiquer ce que les spécialistes nomment joliment « l'optimisation fiscale » et moins élégamment la *Base Erosion and Profit Shifting* (BEPS). Le jeu implique que la maison-mère localise son siège social dans un paradis fiscal ou dispose de filiales qui peuvent n'être alors que « sociétés écran », des « boites à lettre », des coquilles vides sans réelle autre activité que de domicilier les virements.

La technique la plus ancienne est certainement celle du prix de transfert. La maison mère d'une firme multinationale - ou une de ses filiales – sous-facture ses ventes à une filiale implantée dans un paradis fiscal qui réalisera ses ventes au véritable prix. Si le coût de production est de 90 pour un prix de marché de 100, c'est 10 de profit qui se déplaceront ainsi dans le paradis fiscal pour ne pas y être imposé. Ou si peu…

On peut encore choisir de localiser la propriété intellectuelle là où les droits de propriété intellectuels (licences, droits d'auteur, utilisation de marque, franchise…) ou immobiliers sont peu taxés. L'importance prise par ces droits de propriété dans l'économie mondiale du fait, notamment, de la mondialisation des services, des grandes franchises mondiales (McDonalds, Starbucks, KFC, etc.) ou de l'économie digitale (Amazon, Google, etc.) n'a fait que multiplier les occasions d'"optimisation.

Enfin, la maison mère, ou une de ses filiales, peut s'endetter auprès d'une filiale à la localisation bien choisie, le Luxembourg par exemple, et ainsi lui verser des intérêts qui contracteront ses profits. La multinationale s'endette envers elle-même ce qui ne sert à rien d'autre qu'à diminuer ses impôts...

Certains pays ou territoires entretiennent ainsi un « dumping fiscal » qui consiste à attirer ces facteurs ou ces « assiettes fiscales » mobiles en leur proposant une fiscalité plus avantageuse que celle des autres pays alors tentés de converger vers les taux les plus bas ou les pratiques les plus douteuses. Ce nivellement par le bas est pourtant un jeu « perdant-perdant » : si tous devaient abaisser leurs impôts, personne n'attirerait les facteurs ou les assiettes fiscales attendues et tous perdraient des recettes. D'après KPMG, entre 1993 et 2017, le taux d'imposition sur les bénéfices des entreprises serait ainsi passé d'une moyenne mondiale de 38% à 24 % et devrait encore baisser puisque deux grands pays - la France et les Etats-Unis - ont récemment décidé d'abaisser à leur tour le taux qu'ils pratiquaient. Si dans les faits, les quelques paradis fiscaux[56] restent gagnants, c'est parce qu'une majorité de pays n'a pas été jusqu'à l'alignement complet en estimant sans doute que les dommages seraient suffisamment limités pour ne pas justifier une guerre fiscale destructrice. C'est ainsi qu'en son sein l'Europe a longtemps toléré, tolère moins, mais tolère encore, le dumping fiscal (Luxembourg, Pays-Bas, Irlande, notamment) faute d'obtenir un consensus sur des règles plus strictes. Par ailleurs, la taxation des GAFA reste en rade. Mais fort heureusement, dans l'Union européenne, ces pratiques peuvent aussi être considérées comme des aides d'État incompatibles avec le droit européen de la concurrence ce qui autorise quelques sanctions, notamment les 13 milliards qu'Apple doit reverser au gouvernement irlandais qui, pourtant, ne demandait rien.

Cette « optimisation fiscale » qui se veut légale, mais qui dissimule parfois une « évasion fiscale » qui elle, ne l'est pas, contribue aux inégalités. Les gouvernements, entraînés dans une baisse des impôts prélevés sur les facteurs ou les assiettes mobiles vont en compensation surtaxer les moins mobiles c'est-à-dire, par malchance, les classes les moins favorisées et les classes moyennes. Concrètement, les profits et les plus hauts salaires seront moins imposés et les bas salaires ou la consommation, via l'impôt, les charges sociales ou la TVA, le seront davantage. Mais les effets ne s'arrêtent pas là. La sur taxation du travail contribue aussi à élever son coût ce qui favorise le chômage.

Mais la pleine compensation des recettes perdues du fait de la concurrence fiscale n'étant pas partout et toujours socialement acceptable, elle est incomplète ce qui contribue à perpétuer les déficits publics. Les États s'endettent et émettent des bons du Trésor qui alimenteront les marchés financiers, nourriront les crises financières qui, à leur tour, creuseront les inégalités.

Certes les gouvernements feignent d'avoir pris la mesure des effets pervers de ce vagabondage fiscal. L'OCDE qui regroupe les pays « riches » milite pour une plus grande discipline et parvient même à s'introduire dans les communiqués du G-20. Il n'en reste pas moins que la souveraineté fiscale reste un principe intangible. Le salut ne viendra donc pas de l'harmonisation fiscale et seuls quelques efforts pour maîtriser les pratiques les plus repérables atténueront le nomadisme des profits.

Par rapport au progrès technique et à la transition digitale qui favorise le capital et les travailleurs qualifiés, comparé aux crises financières finalement payées par les moins favorisés et l' « optimisation fiscale » qui favorise l'enrichissement des plus riches et surtaxe les classes moyennes, quelle est la part de la mondialisation commerciale dans la croissance des inégalités ?

Beaucoup plus faible que ce qui est fréquemment ressenti, sans être pour autant marginale. Même les études « scientifiques », parfois saisies par les médias et les politiques quitte à être souvent caricaturées et détournées, ne parviennent pas à lui donner l'ampleur que les opinions publiques lui imputent. Car les effets de l'ouverture commerciale sont immédiatement visibles. Une usine qui ferme pour se délocaliser à l'étranger ou qui ne parvient pas à affronter la concurrence chinoise, mobilise les syndicats, les territoires, le gouvernement et les médias. Réciproquement, les emplois créés pour satisfaire une demande chinoise croissante ne se voient pas. Pas plus que, d'ailleurs que les 5 000 milliards de dollars qui transitent tous les jours sur le marché des changes [57] pour nourrir la spéculation.

Quelques considérations sur le populisme

Certains penseurs observent le populisme du côté de la « demande » politique en opposant les exclus aux élites bien intégrées dans la mondialisation. Ils superposent les cartes électorales aux cartes sociales et économiques. C'est un jeu utile, mais difficile tant les motivations sont diverses et liées aux traditions, aux cultures, à l'histoire. Un Polonais ne pourra jamais percevoir l'immigration comme un Français ou un Britannique. D'autres cherchent à caractériser une offre caractérisée par le rejet des élites et du système, la démagogie, le nationalisme souvent teinté de racisme et de xénophobie. Ils s'intéressent alors davantage aux politiques qu'aux électeurs potentiels.

Un adage indien parfois attribué, sans doute à tort, à Friedrich Nietzsche, relie très simplement le côté offre et le côté demande : « *Dites-nous des choses qui nous plaisent et nous vous croirons* ». La force des partis populistes n'est-il pas de saisir ces choses qui plaisent quelles qu'en soient leur nature et leurs contradictions, quand les institutions traditionnelles – le « système » - ne peuvent ni ne veulent s'en emparer. Ainsi, le populisme s'épanouit lorsque le hiatus devient trop profond. Il capte les angoisses et ses discoureurs souvent talentueux, parfois même charismatiques, promettent de les apaiser par des médications qui, au-delà de l'effet placebo, provoquent parfois des contre-coups trop prévisibles. Le désastre du Venezuela, l'irrationalité du Brexit et les effets contre-productifs de la guerre commerciale américaine ne sont pas ou ne seront pas des surprises…

Les convictions et les fantasmes ne supportent aucune contradiction et aucun démenti quitte à rechercher dans les sources les plus douteuses la confirmation de leur croyance. Le « complotisme » fait des ravages partout, autant - peut-être plus - dans les pays émergents que dans les pays de la vieille Europe. Ce qu'écrivait Hanna Arendt à propos de l'idéologie s'applique à la pensée populiste qui : « *indépendante de la réalité existante, considère tout ce qui est factuel comme un artefact et, par conséquent, ne connaît plus de critère fiable permettant de distinguer vérité et fausseté.* »[58] C'est ainsi que beaucoup croient encore que la création de l'euro a eu des effets dévastateurs sur les prix et qu'en 2018 une vague migratoire submergeait l'Europe alors même qu'il ne s'agissait que d'une vaguelette de petite marée.

Le populisme est un virus dormant qui, comme l'herpès ou le zona, se réveille sans qu'on en connaisse la cause et sans anticiper avec certitude la partie du corps qui sera atteinte. La médecine soupçonne le stress de favoriser les éruptions et la même suspicion peut peser sur le populisme : la nostalgie de la grandeur passée, la mise en cause du « mâle blanc », la perception d'un avenir indésirable, la crainte du déclassement, l'incompréhension d'un monde qui expose sa complexité sans parvenir à en démêler l'écheveau sont autant d'éléments anxiogènes. « *La simplicité procure davantage de bonheur que la complexité* », aurait ainsi dit Bouddha.

Le Monde est devenu trop instable pour autoriser l'espérance. Les guerres sans aboutissements, les crises financières à répétition, les incertitudes climatiques, la digitalisation, la transition écologique suscitent des peurs et une exigence de sécurité qui favorisent les extrêmes. La mémoire des drames qui ont abattu l'Europe du XX° siècle s'estompe. Pourtant, comme nous prévenait Karl Marx : « *Celui qui ne connaît pas l'histoire est condamné à la revivre* ».

Mais, il faut le reconnaitre, le populisme sait aussi tirer parti des erreurs et des excès de la pensée dominante qui a inspiré les décisions politiques : une libéralisation brouillonne, mal régulée et mal évaluée, des plans d'austérité mal cadencés, des restructurations mal conçues. Le recul syndical constaté partout a été confortable pour mettre en place des réformes plus ou moins opportunes, mais il a aussi conduit une classe ouvrière déboussolée à se griser des discours populistes.

La montée de la fièvre n'est pas générale, mais elle atteint toutes les parties du Monde. Les populismes sont une tradition en Amérique latine qui risque de glisser de la gauche des années 1990-2000 vers la droite dure. Les Philippines, les Etats-Unis, la Russie, la Turquie sont dirigés par des Présidents qu'on peut qualifier de populistes. Dans l'Union européenne, ils dirigent ou participent au gouvernement en Italie, en Hongrie, en Pologne, en République tchèque, en Autriche, au Danemark, aux Pays-Bas.

Les dirigeants populistes par l'importance qu'ils donnent au vote populaire dégradent la définition même de la démocratie. L'« illibéralisme » théorisé par le premier ministre hongrois, Victor Orban rompt en effet avec la définition historique de la démocratie, celle des Lumières. Si la démocratie est élective, le principe majoritaire n'est légitime que s'il protège sa minorité des errements d'une majorité tyrannique qui la laminerait. Comme le disait Albert Camus « *La démocratie, ce n'est pas la loi de la majorité, mais la protection de la minorité* ». Hitler et Mussolini étaient bien arrivés au pouvoir à l'issue d'élections mais qui pourrait affirmer que leur régime était démocratique ? Il n'y a pas de démocratie sans séparation des pouvoirs et sans contre-pouvoirs. La démocratie plébiscitaire des populistes n'est pas la démocratie. Quand la volonté populaire a la légitimité de délégitimer les autres pouvoirs, la démocratie devient « illibérale » ce qui la dénature puisqu'elle ouvre la porte à une dictature de la majorité sur les minorités.

Le populisme c'est la récusation d'une élite et de ses serviteurs, vendus ou serviles, qui se gaveraient sur le dos des petits. Comme il laisse aux individus la liberté de tracer les contours de l'oligarchie honnie, le populisme peut ratisser large. Finalement, on n'en sait pas plus sur ce qu'est exactement le peuple.

Dans le roman populiste, la vie est un jeu « perdant-gagnant » où c'est la minorité – le « système" - qui gagne toujours et s'oppose à la politique qui servirait le peuple. Cette minorité composée d'élites mondialisées et quasi-apatrides est un ennemi potentiel qu'il faut empêcher de nuire. Restaurer la volonté du peuple majoritaire exige donc qu'on en abaisse les droits. Le populisme recoupe ainsi fréquemment cet « illibéralisme » à la Orban, à la Kaczynski, à la Erdogan ou à la Poutine. On s'attaquera aux cours suprêmes, à la justice, à la presse, aux ONG, aux syndicats tous complices d'un « système » plus ou moins comploteur soumis à l'oligarchie. Dans les pays gouvernés par des populistes, comme la Pologne, la Hongrie, la Turquie ou la Russie, les contre-pouvoirs furent les premiers visés et souvent les premiers sanctionnés. La presse, ce « quatrième pouvoir » en revendiquant son indépendance devient la cible privilégiée. C'est au peuple et à ses réseaux sociaux - ou à son guide - de dire ce qui est *fake news* et ce qui ne l'est pas, et non à la réalité des faits qui deviennent …alternatifs.

Pourtant, les contours du « système », des élites ou de l'oligarchie, ne sont jamais tracés. D'ailleurs, pour beaucoup, il se cache pour mieux manipuler le Monde gouverné par quelque société secrète. Cette imprécision est commode car chacun peut y faire entrer qui il veut. Le « système » ratisse large et peut être dénoncé par des fascistes racistes et antisémites, des anti-impérialistes, des catholiques traditionnalistes, des néopaïens, des anarchistes de droite ou de gauche, des identitaires et tant d'autres encore. À chacun et à chaque époque son « bouc émissaire », ce minoritaire qui doit assumer tous les maux. Chaque flambée populiste doit ainsi enflammer le bûcher qui consumera ses sorcières, le juif, l'émigré, la minorité ethnique, l'Europe, l'impérialisme américain, le capitaliste, le banquier, le lobby, le FMI, les féministes, etc...

Les populismes se construisent aussi sur l'histoire et la culture des peuples. Dans la France colbertiste les populistes déploreront par réflexe le retrait de l'état et l'ouverture des frontières davantage que les anciennes puissances à tradition libérale et maritime comme l'Angleterre ou les Pays-Bas. Les pays « communautaristes », comme les Etats-Unis, le Brésil ou les Philippines s'attaqueront à une « discrimination positive » qui favoriserait trop les minorités. Les pays qui n'ont retrouvé leur souveraineté que très récemment et parfois après avoir subi des conflits ou des épurations ethniques s'opposeront encore plus que les autres aux migrants.

Avec l'« antisystème » vient le repli. Un repli sur le national et l'identitaire qui peut glisser sur le régional comme en Belgique, en Italie, en Espagne voire en Allemagne. Mais même cet isolationnisme n'est pas commun à tous les populismes. L'Angleterre ne quitte pas l'Europe pour s'isoler dans son île mais pour retrouver le Monde qu'elle n'aurait jamais dû quitter. Grâce au Brexit, elle humera de nouveau les embruns de l'Océan pour revivre l'époque glorieuse où ses navires quittaient Liverpool, voiles au vent, pour commercer sur les quatre continents. C'est du moins ce que les populistes qui ont porté le Brexit ont fait croire à leurs électeurs avant tout préoccupés par l'afflux d'immigrés européens à qui l'Angleterre libérale avait pourtant ouvert la porte quand d'autres pays, plus prudents, avaient repoussé les échéances.

Les pays qui se sont vus comme des puissances sont des terreaux favorables au populisme qu'elles aient été déchues, comme l'Angleterre, la France, l'Autriche, la Hongrie, humiliées comme la Russie, la Chine, la

Turquie et peut-être demain, l'Allemagne, ou encore fragilisées par des puissances rivales en formation, comme les Etats-Unis.

Dès 2000, l'économiste Dani Rodrik avait énoncé, dans un article souvent repris depuis, sa conjecture sur l'incompatibilité entre trois exigences : l'« hyper- mondialisation », la démocratie et la souveraineté nationale[59]. La première se réfère à la libre de circulation des biens, des services et du capital. La seconde insiste sur la mobilisation politique des citoyens et des institutions, ce qui inclut les contre-pouvoirs. La troisième permet de faire et d'administrer le droit sur une échelle territoriale. Pour Rodrik seules deux de ces trois exigences peuvent être pleinement satisfaites. Le choix de la démocratie et de la souveraineté est fréquemment associé au système de Bretton Woods, mais la comparaison est contestable puisque, pour les partis populistes, le multilatéralisme qu'il incarne équivaut à un abandon de souveraineté. Le Monde a ensuite évolué vers la « camisole dorée » (*golden straightjacket*) qui acceptait une hyper-mondialisation, associée à une souveraineté nationale dénuée pourtant de support démocratique puisque soumise à la « dictature des marchés ». Reste la possibilité d'un fédéralisme mondial où les peuples accepteraient de renoncer à certains attributs de souveraineté délégués à un niveau supérieur pour choisir leur mode de participation à la mondialisation. L'Union européenne, même si elle n'ose pas se déclarer « fédérale », serait l'esquisse de ce scénario.

Ce schéma est édifiant, mais il répond mieux à l'altermondialisme des années 2000 qui acceptait moins de souveraineté pour plus de démocratie qu'au populisme qui rogne à la fois sur la démocratie et sur la mondialisation pour donner davantage à la souveraineté. En affaiblissant les contre-pouvoirs, incarnation du « système » honni, ils n'adhèrent qu'à une démocratie plébiscitaire tout en rejetant l'hyper-mondialisation. Il ne reste donc plus qu'une seule exigence qui peut alors devenir paroxysmique. La souveraineté nationale devient nationalisme.

La mondialisation, cause du populisme ?

Nous avons tenté de montrer que si la mondialisation commerciale a bien participé à la croissance des inégalités, elle ne pouvait pas en prendre seule la responsabilité. L'instabilité financière ou la transition digitale ont, une responsabilité bien plus grande encore. Mais la croissance des inégalités elle-même, révélée par une multitude d'études, joue-t-elle un rôle exclusif, voire déterminant, dans la montée des populismes ?

Dans les années 1990 et 2000, le discours dominant des économistes et des organisations internationales était que l'augmentation des inégalités importait peu si elle accompagnait une réduction de la pauvreté, avec un lien de causalité implicite, un « effet de ruissellement » du haut vers le bas. Comme l'avait constaté l'économiste Simon Kuznets (…en 1955) la montée des inégalités serait inhérente aux premières phases du développement économique. Elle serait une condition nécessaire pour réduire la pauvreté. Et, de fait, si dans les pays en développement ou émergents les inégalités ont souvent augmenté, la grande pauvreté s'est extraordinairement réduite. Elle est ainsi passée de 34,8% en 1990, à 9,6% en 2016[60]. D'une certaine manière, ce qui était vrai pour les pays en développement devrait l'être aussi pour les pays développés en oubliant, néanmoins, que la fameuse courbe « en cloche » de Kuznets constate la chute des inégalités pour les pays les plus riches ce qui, effectivement, correspondait à la réalité de l'après-guerre et des « trente glorieuses ». Mais peut-être que la montée des inégalités serait aussi inhérente à cette « destruction créatrice » théorisée par Joseph Schumpeter comme conséquence d'une vague d'innovations (qui comprend d'ailleurs les nouveaux marchés d'exportation).

Les économistes, ont alors pris conscience de leur erreur quitte à en commettre de nouvelles. Il faut toujours se méfier des nouveaux convertis qui chassent rapidement leurs anciennes idées fausses pour d'autres qui ne sont pas plus vraies. Alain Minc, auteur en 1997 de « La mondialisation heureuse » ne clame-t-il pas vingt ans plus tard « *L'inégalité est trop forte, nous risquons une insurrection* » [61] ?. Le même jour, l'ancien chef économiste du FMI battait sa coulpe : « *les élites politiques et économiques sont coupables de ne pas s'être assez préoccupées de la montée des inégalités. Elles ont trop fait confiance au capitalisme et au « consensus de Washington », selon lequel le marché serait toujours bon. Mais ses effets collatéraux n'ont pas été corrigés par la redistribution ou l'aide à la reconversion pour les salariés, par exemple. L'ouverture totale des économies, sur le marché des biens comme sur le marché des capitaux, n'est peut-être pas la meilleure des options* »[62]

La croissance des inégalités dans le Monde et en Europe est la conséquence d'un côté de la stagnation, voire de la régression, des revenus bas voire moyens et de la hausse spectaculaire des très hauts revenus ou des plus gros patrimoines. Cette montée des inégalités est une inquiétude. L'injustice s'associe à l'inefficacité économique car les plus grosses fortunes s'investissent moins dans la production que dans les placements rentiers ou spéculatifs. Est-elle pour autant la principale responsable de la montée du populisme en Europe ?

L'Europe est une des régions la plus touchée par le populisme alors qu'elle est celle où les inégalités sont parmi les plus faibles, là où les 1% les plus riches accaparent la part la plus faible du revenu (13% tout de même, mais 20% aux Etats-Unis). C'est aussi en Europe qu'entre 1980 et 2016 elles ont le moins augmenté[63]. Lorsqu'on observe le coefficient de Gini, indicateur d'inégalités variant de 0 (tout le monde a le même revenu) à 1 (une seule personne capte tous les revenus) l'Europe est en moyenne plus égalitaire que la plupart des autres pays du Monde. Selon les estimations l'indice se situe autour de 0,31 dans l'Union européenne et de 0,41 aux Etats-Unis. Mais surtout, au sein de l'Union européenne ce ne sont pas les pays les plus inégalitaires qui sont les plus séduits par les sirènes populistes : la Hongrie, la Pologne, la Slovaquie, la Slovénie, l'Autriche ou la France ont ainsi un indice de Gini inférieur à la moyenne européenne. Certains d'entre eux connaissent également des taux de chômage bas et même, pour certains, inférieurs à 4% (RU, Hongrie, Pologne, Autriche). La Pologne est le seul pays de l'UE à avoir conservé pendant la crise de 2008 des taux croissance positifs. L'Italie, qui sous l'influence de Silvio Berlusconi, avait lancé la vague populiste en Europe, est l'exception qui confirme la règle. C'est peut-être un hasard, mais ce « fait stylisé » nous fait douter de l'idée reçue selon laquelle le populisme trouverait autant que cela son origine dans la montée des inégalités.

Si la mondialisation commerciale, pas plus que l'immigration, n'est la première responsable de l'augmentation des inégalités « verticales », elle a sans doute davantage contribué aux inégalités « horizontales », ces inégalités de proximité plus souvent ignorées. Ainsi, les travailleurs des secteurs exportateurs ont mieux résisté à la désindustrialisation que ceux des secteurs importateurs. La mondialisation a restructuré l'économie en détruisant des emplois pour en créer d'autres et si mobilité il y a, elle a eu un coût pour les États (« compensation » des perdants, formation, aménagement du territoire, infrastructures...), les firmes (investissements-désinvestissements) et surtout les particuliers (déménagement, déclassement, baisse des salaires, …).

Pour autant les travailleurs ou les territoires favorisés ne sont pas immunisés. Le sort d'un voisin déclassé ne sera-t-il pas le leur demain ? L'angoisse de l'avenir est le premier moteur du populisme qui se répand même chez ceux qui pourraient se croire protégés. Il est des territoires sans immigrés et sans chômage d'autant plus sensibles aux sirènes populistes que ses populations fantasment une contagion qui ne manquerait pas d'anéantir leur bien-être. On trouve ainsi des villages gaulois qui croient que les druides populistes leur donneront la potion magique qui les protégera des invasions. Leur anxiété s'alimente de faits divers, pas toujours réels, et qui portés par les réseaux sociaux, donnent une portée universelle à des incidents locaux.

L'économie en général, la mondialisation en particulier et les inégalités qui lui sont associées, ont donc un lien incertain, directe et indirect avec la montée des populismes en Europe. Mais si elles contribuent à l'expliquer, c'est moins par sa réalité que par les fantasmes qu'elles suscitent.

Si le populisme de gauche peut voir dans les inégalités une raison supplémentaire de casser le « système », ce n'est pas cette nouvelle lutte des classes qui nourrit le populisme de droite, de loin, le plus répandu en Europe. Celui-ci exprime des angoisses bien davantage liées à l'insécurité et à l'identité qu'à une exigence égalitariste. Le milliardaire n'est pas un ennemi du peuple qui le porte parfois au pouvoir quand il sait lui dit les propos rassurants qu'il veut entendre : Berlusconi, Trump, Babiš (en République tchèque). Leur réussite en affaires ne les qualifie-t-il pas pour réussir là où les « élites » furent défaillantes ?

Si l'électeur populiste s'estime victime d'injustice, c'est moins du fait de l'insolence des grosses fortunes, que des avantages dont ils s'estiment injustement privés. Il se compare à son proche, au plus malheureux que lui ou à l'à peine plus riche, moins au milliardaire dont il sait le statut inaccessible. Le pauvre d'à côté est un rival bien plus dangereux car c'est avec lui qu'il est en concurrence pour l'emploi, la promotion, ou les prestations sociales. C'est d'ailleurs une règle bien établie que pour un pays, un territoire ou un individu, c'est toujours avec son proche que les rivalités sont les plus dures et l'hostilité la plus vive.

Ainsi, les effets de seuil dans les politiques sociales sont particulièrement délétères en frustrant les classes moyennes trop riches, parfois de quelques euros, pour en bénéficier. Dépasser un seuil qui donne droit à des exonérations ou à des avantages sociaux équivaut à appliquer un taux marginal d'imposition exorbitant, une trappe à pauvreté qui sanctionne ceux qui parviennent à s'en échapper et exacerbe le sentiment d'injustice. Le revenu universel supprimerait certes ces frustrations, mais son financement impliquerait une révolution fiscale qui fera hésiter encore longtemps les gouvernements.

De même, la discrimination positive, qui réduit les inégalités entre les hommes et les femmes, entre les castes ou les minorités, est perçue comme une injustice par les groupes - le « mâle blanc » issu des classes laborieuses - qui n'en bénéficie pas et qui, comme aux Etats-Unis ou au Brésil se réfugie dans le vote populiste pour exprimer sa colère.

Si les inégalités jouent donc un rôle dans le populisme, c'est donc souvent moins l'inégalité verticale des riches contre les pauvres, que les inégalités horizontales des pauvres contre d'autres pauvres qui auraient bien moins de légitimité qu'eux pour bénéficier des privilèges que leur accorderait l' « élite », l'oligarchie, le système. Dans l'histoire, les victimes furent souvent les Juifs, les Tziganes, les minorités ethniques ou religieuses, les femmes, les différents et… les migrants.

Car dans l'Europe populiste d'aujourd'hui, le premier intrus, qui n'efface d'ailleurs pas les autres, est l'étranger. Le « système » leur trouvera l'emploi, le logement et les aides sociales qu'ils n'auront plus et bien beau s'ils ne tournent pas délinquants ou terroristes ! Si le populisme n'a pas attendu la vague migratoire de 2015 pour s'étendre en Europe, celle-ci n'a fait que l'amplifier.

La crainte n'est pas irrationnelle et commence même à titiller la gauche radicale qui peut voir dans l'immigration l'« armée industrielle de réserve » évoquée par Marx. L'immigration crée une concurrence entre les travailleurs et divise la classe ouvrière. L'appel aux migrants a souvent eu pour objet et pour effet de faire pression sur les salaires. Une étude montre qu'aux États-Unis, une hausse de la part des immigrés de 10 % dégraderait de 3 % les salaires des natifs de même niveau d'éducation et d'expérience[64]. En France, où les salaires sont rigides, une hausse de 10% de la part des migrants dégraderait d'environ 3 % le taux d'emploi des natifs ayant des caractéristiques similaires[65].

Mais encore faut-il qu'il y ait substituabilité dans les emplois, c'est-à-dire rivalité et concurrence dans les postes occupés et que le migrant moins exigeant évince le natif. Ce « remplacement » est aujourd'hui assez limité dans les pays industriels : un certain nombre d'emplois ne seraient pas pourvus par des natifs du fait de leur localisation, des conditions de travail ou de salaires jugés trop bas. L'emploi occupé par le migrant est alors une création d'emploi qui n'enlève rien au natif. Lorsqu'on tient compte de ces effets, les études réalisées un peu partout dans les pays industriels montrent des effets globaux sur le salaire des natifs qui sont quelquefois légèrement négatifs, plus souvent neutres, et même dans certains cas positifs. Cette migration peut aussi faciliter la réorientation des actifs vers des emplois mieux payés. L'ascenseur social, si ralenti aujourd'hui, fonctionnait d'ailleurs bien mieux dans les années 1950 et 1960 lorsque l'industrie faisait un appel massif à l'immigration mais dans un contexte, il est vrai, de plein emploi.

Par ailleurs, en France et en Europe, la nature même de l'immigration a changé, les qualifiés venus de l'étranger se sont substitués aux moins qualifiés avec en France, une conséquence paradoxale : l'immigration aurait légèrement pénalisé les natifs qualifiés mais tout aussi légèrement favorisé les moins qualifiés[66] ce qui, paradoxalement aurait contribué, même légèrement, à réduire les inégalités[67].

Enfin, l'immigration favorise la production et contribue à l'accroissement des recettes fiscales et sociales ce qui équilibre les dépenses avec, pour certaines études, un léger excédent et pour d'autres, un léger déficit. Un

156

immigré de vingt ans n'a rien coûté pour son éducation, ne coûte rien (immédiatement) pour sa retraite et pas grand-chose pour sa santé. À l'inverse, il cotise et paye des impôts. D'après une étude menée par Hippolyte d'Albis sur 15 pays européens de 1985 à 2015, les flux de migrants permanents s'accompagneraient d'une hausse du PIB par habitant et d'une baisse du taux de chômage avec un effet positif sur les finances publiques. Ces gains se retrouvent même chez une population de migrants spécifiques, les demandeurs d'asile, qui « coûtent » en assistance alors même que les activités salariées leurs sont limitées, voire interdites[68]. De fait, les pays de forte immigration - la France est un pays de faible immigration - comme le Canada, le Luxembourg, la Suisse, l'Autriche ou l'Allemagne ne sont ni les moins riches, ni les plus frappés par le chômage ou la pauvreté.

Mais ce discours « rationnel » n'est pas audible. Et l'économie ne peut évaluer les peurs et les fantasmes que l'étranger suscite. Car même lorsque le migrant a adopté la nationalité du pays d'accueil, il restera longtemps un étranger. Les chiffres du « système » ne convainquent pas. Ils ne reflètent pas la réalité que certains vivent, ressent, fantasment ou redoutent. Au-delà des statistiques, l'immigration tout comme l'ouverture commerciale, peuvent bien être bénéfiques au niveau macro-économique, mais laisser localement des « perdants » sur le carreau. Même si statistiquement ils sont peu nombreux c'est bien à eux que les populations s'identifient. Les abrités d'aujourd'hui, ne sont-ils pas les perdants de demain ? Les actuels flux de réfugiés n'annoncent-ils pas le « grand remplacement » des peuples et de la civilisation européenne ?

Certes l'Afrique, qu'elle soit chrétienne ou musulmane, francophone ou anglophone, est la seule région au monde qui n'a pas achevé sa transition démographique, cette période où le développement s'accompagne d'une réduction de taux de fécondité. Au contraire, d'autres pays très peuplés, comme l'Inde, le Pakistan ou l'Indonésie ne devraient pas tarder à la terminer. L'explication est simple : l'Afrique s'est moins développée que les autres régions du Monde. D'après les projections d l'ONU, la population africaine devrait donc doubler d'ici 2050 et passer de 1,3 milliard d'habitants à 2,5 milliards. Si cette croissance démographique attendue peut devenir un problème, l'hypothèse du « grand remplacement » dont on ne sait d'ailleurs pas trop comment il se réaliserait, relève du fantasme. L'Europe subira certes des pressions migratoires qui, d'ailleurs pourront soulager des pénuries de main-d'œuvre dans une Europe vieillissante. Mais elles n'auront rien à voir avec le raz-de-marée annoncé. Et même si des guerres interminables ou des catastrophes climatiques à répétition devaient provoquer des mouvements migratoires plus importants que prévus, le choc de civilisation est très loin d'être inéluctable.

Si problème il y a, il restera en Afrique. La distance parcourue par les migrants est proportionnée à leur niveau de pauvreté et d'éducation. Les migrations se feront donc d'abord à l'intérieur des pays puis vers les pays voisins. L'émigration vers l'Europe, mais aussi les Etats-Unis, le Moyen-Orient ou l'Amérique du Nord concernera d'abord les plus éduqués et les moins pauvres quitte à provoquer une fuite des cerveaux pénalisante pour l'Afrique.

Le discours populiste joue sur l'identité et le fantasme du « grand remplacement » et peut se vouloir généreux en prônant le développement des régions les plus pauvres comme réponse aux tentations d'émigrer. Mais il est difficile de jouer en même temps sur le développement et sur la fermeture des frontières aux biens et aux personnes. Les pays africains ne se développeront pas dans l'autarcie - aucun pays ne l'a jamais fait - mais par un décollage dans l'industrie et les services et, dans ces pays où la demande solvable restera faible même avec une population plus nombreuse, par la croissance des exportations dans des activités très utilisatrices de travail ce qui contribuera à fixer les populations. Peut-être que la Chine de demain sera le Nigeria ou l'Éthiopie. Qu'auraient d'ailleurs été les pressions migratoires si le développement industriel de la Chine n'avait pas permis aux miséreux paysans du Centre de migrer vers les métropoles côtières ? Mais encore faudrait-il que l'Europe - et les autres - soient ouverts à ces importations qui concurrenceront inéluctablement les productions locales. On peut douter que les politiques populistes encouragent cette évolution... !

Il est des périodes où la réussite du voisin éveille des espoirs pour tous. Les populations participent à un progrès qui permettra à leurs enfants de s'élever. Ce monde-là n'a pas besoin de s'abriter derrière les illusions populistes. Mais nous sommes aujourd'hui dans une autre société où la relégation du proche crée de la détresse pour tous. Les nouvelles générations pourraient vivre moins bien que les anciennes. Alors, toutes les ambitions sont permises pour les politiciens qui sauront métamorphoser ces angoisses en bulletins de vote.

Les Gilets jaunes. Un populisme à la Française ?

Le mouvement des « gilets jaunes » a surgi en novembre 2018 pour dénoncer l'augmentation des taxes sur l'essence et le gazole avant de remettre plus largement en cause le pouvoir et les institutions. S'il surfe sur la vague populiste qui inonde l'Europe et le Monde, il n'en est pas moins dépourvu d'une certaine spécificité.

On y retrouve en effet ce rejet de la complexité qu'évoqueraient les élites pour embrouiller et enfumer le peuple. Ce déni acquis, tout ou presque devient simple et possible. Les contradictions sont assumées, parfois même théorisées : abaisser les taxes et augmenter les services publics, déplorer la démission de Nicolas Hulot mais refuser la taxe carbone, réclamer la démocratie directe mais nier les résultats électoraux, abolir la pauvreté par des mesures qui aggraveraient pourtant sa principale cause, le chômage. Les exigences contradictoires, loin de s'annuler, s'agrègent alors pour afficher un simili-consensus ou chacun, gilet jaune ou sondé, pourra se reconnaitre.

Ce déni de la complexité a pour conséquence de faire du « peuple » la source exclusive de légitimité. Cette démocratie directe « dure » ne s'accommoderait pas de contre-pouvoirs. Elle autoriserait la révocation des élus. Le « référendum d'initiative citoyenne » (RIC), auparavant proposé par les partis populistes, est devenu sur le tard une revendication majeure en prenant bien soin de n'en préciser ni les formes, ni le contenu. En France, le mouvement a ainsi exprimé un antiparlementarisme virulent accompagné de vives attaques contre une presse, pourtant assez peu complaisante avec le pouvoir en place et qui leur avait donné une large audience.

Sans grande surprise, la composition sociologique des « gilets jaunes » est conforme à celle observée ailleurs. Le mouvement a été dominé par des classes moyennes qui se situent autour du revenu médian (environ 1700 euros par mois et par personne), le seuil de pauvreté étant fixé, très arbitrairement d'ailleurs, à 60% de ce niveau. Les chômeurs en déshérence, les citadins syndiqués habitués aux grands défilés ou les banlieusards des cités périphériques promptes à s'échauffer, ont bien moins fréquenté les ronds-points occupés que les employés, les petits patrons ou les retraités. L'histoire nous apprend certes que les émeutes, et plus encore les révolutions, sont davantage menées par les classes moyennes que par les plus déshéritées. Quoiqu'il en soit, la population des gilets jaunes ressemble fort à la sociologie des électeurs américains, polonais ou brésiliens qui ont porté au pouvoir des leaders populistes.

Cette classe moyenne se plaint, souvent à raison, de travailler dur sans échapper aux « fins de mois » difficiles. Une fois prises en compte les dépenses « préengagées » (loyers, traites, abonnements, transport…) le revenu qui reste (dit « arbitral ») devient très sensible aux prix qui, lorsqu'ils augmentent (tabac, essence, …) rapprochent les classes moyennes de la pauvreté, c'est-à-dire du déclassement. Paradoxalement, lutter contre la pauvreté en exonérant les moins favorisés d'impôts sur le revenu, de taxe d'habitation ou de CSG, entretient la frustration des classes moyennes qui n'en profitent pas. La hausse du salaire minimum, par sa portée symbolique, est même perçue comme une déchéance par les travailleurs qui, tout en n'y gagnant rien, rejoignent la « caste » inférieure des « smicards ». Une grande partie de la classe moyenne est ainsi considérée comme trop riche pour bénéficier des avantages sociaux réservés aux plus pauvres, mais pas assez pour bénéficier des niches fiscales. Coincée par cet entre-deux, elle se voit supporter la plus grande part d'une fiscalité qui les appauvrit. Si les « gilets jaunes » se sont bien gardés de dénoncer les bénéficiaires, réels ou supposés, de ces transferts - les chômeurs, les immigrés, les retraités pauvres - beaucoup n'ont pu s'empêcher de dénoncer l'assistanat ou d'insister sur le fait que si eux travaillent durs, ils ne voient pourtant pas leurs efforts reconnus et récompensés ce qui, de fait, n'est certainement pas faux.

Si le mouvement des gilets jaunes peut être qualifié de populiste, il n'en est pas moins original.

Dans la plupart des pays gagnés par les populistes, c'est l'offre politique incarnée par un leader charismatique qui a révélé une demande qui restait sous-jacente. En France, cette offre politique existait aussi. Elle pesait même très lourdement sur la vie politique depuis une bonne trentaine d'années. Mais ce ne sont pas les partis populistes constitués, de droite ou de gauche, qui ont directement déclenché, ni même manipulé, le mouvement. Si les gilets jaunes présentent des analogies avec les « cinq étoiles » italiennes, leur révolte s'est passée d'un Beppe Grillo à la française. On soulève là une autre spécificité, la méfiance des gilets jaunes à l'égard de « chefs » que les populistes aiment pourtant aduler.

Alors que le populisme de gauche s'effondre en Amérique latine, le populisme de droite domine aujourd'hui, même si l'Europe du Sud, et particulièrement la France, trouve ses populistes à droite comme à gauche. Leur succès (relatif) vient du fait qu'ils ont trouvé la rhétorique qui conciliait l'inconciliable, la droite dure et la gauche radicale. La question de la fiscalité, qui a provoqué et entretenu la crise, en fournit un bon exemple. Le refus des impôts est l'apanage de la droite et c'est bien la révolte fiscale des années 1970, qui avait annoncé la révolution conservatrice (les Français diront néo-libérale) de Reagan et de Thatcher. Mais la rhétorique se réorientant très vite sur l'injustice fiscale a permis à la gauche de s'y retrouver. Elle pouvait s'appuyer sur les opportunités offertes par la réforme du très symbolique impôt sur la fortune (ISF) et sur la mise en place d'une *flat tax* qui limite à 30% le taux d'imposition sur les revenus du capital financier. Contestée par tous, l'évasion fiscale et le comportement des GAFA soudaient le consensus. La gauche écologique, qui avait soutenu la hausse de la fiscalité sur le carbone, a finalement pu contourner le piège d'un anti-écologisme fiscal en postulant, sans réelle démonstration, la compatibilité, voire la complémentarité, du progrès social et de la lutte contre le réchauffement climatique. Elle oubliait au passage ce qu'elle avait autrefois considéré comme acquis : les comportements réagissent plutôt bien à l'évolution des prix relatifs (le fameux « signal prix »). Dès lors une taxation ciblée sur le carbone vaut mieux, pour lutter l'émission des gaz à effets de serre que n'importe quelle autre forme de taxation quitte à proposer en compensation des allégements sur les impôts qui frappaient les classes moyennes.

Cette recherche de compatibilité « rouge-brun » a également conduit à mettre de côté quelques grands thèmes populistes. Les « gilets-jaunes » en mettant en exergue les thèmes du pouvoir d'achat, de la justice fiscale ou des institutions ont pu délaisser les thèmes habituels de l'immigration qui inonde, de l'Europe qui brime, ou de la mondialisation qui ruine. Ces sujets n'ont certes pas été oubliés, avec parfois quelques dérives et dérapages, mais ils n'ont pas émergé, ce qui a permis de préserver la coexistence des populismes et, au-delà, de s'autoriser la sympathie de l'opposition modérée qui, par ailleurs, voulait en découdre avec un pouvoir que deux ans auparavant, elle n'avait pas vu venir.

Le thème de la mondialisation « malheureuse » a bien été avancé, mais moins par les gilets jaunes que par des commentateurs et intellectuels récitant le discours convenu et simplificateur d'une opposition entre les métropoles globalisées et les « territoires » oubliés. De fait, l'antimondialisme et le protectionnisme n'ont pas été le thème fédérateur retenu dans les slogans, graffitis ou banderoles. Si l'évasion fiscale et les GAFA ont bien été huées, la critique du libre-échange est restée bien discrète. Les gilets jaunes n'ont pas commis cette contradiction-là : hausse du pouvoir d'achat et augmentation des droits de douane…

Quoiqu'il en soit, le mouvement des gilets jaunes a mis en évidence les failles du système fiscal et redistributif français. Malgré son caractère considéré ailleurs comme plutôt généreux, la fiscalisation de la protection sociale (via la CSG) et des transferts sociaux a montré ses limites. Si les facilités accordées au « riches » pour contenir leurs impôts ont contribué à la croissance des inégalités (d'ailleurs plus modérée en France que dans la plupart des autres pays) et peuvent être légitimement critiquées pour cela, on aurait tort d'ignorer les effets nocifs d'inégalités plus « horizontales », c'est-à-dire entre individus proches en termes de revenu et de niveau de vie, provoquées par d'absurdes effets de seuil. Ces planchers et plafonds peuvent ainsi aller jusqu'à abaisser le revenu net (après impôts et transferts sociaux) des ménages quand les revenus de leur travail augmentent.

C'est donc la logique même du système fiscal qui, pace qu'il ne parvient plus à assumer ses fonctions progressives et redistributrices, doit être revu en profondeur. Un revenu universel intégré à l'impôt (on pourrait oser le terme d'impôt négatif s'il n'avait pas été proposé par le sulfureux ultra-libéral Milton Friedman …) reste une piste à explorer. Il concilierait deux principes « républicains » abimés : l'universalité des transferts sociaux et la progressivité de l'impôt.

8. Conclusion

Mondialisation à la dérive ? Oui puisque ses navires amiraux le sont : les Etats-Unis qui avaient inventé le multilatéralisme veulent sinon le saborder (quoique…) du moins lui faire changer de cap sans que l'on sache vraiment vers quels horizons.

Europe sans boussole ? Oui, tout autant. Le rêve fédéraliste oublié, son âme égarée dans une mondialisation qu'elle peine à maitriser, elle s'est davantage complu dans les règles et les contraintes que dans la bienveillance. L'aiguille autrefois pointée vers l'Atlantique, s'affole maintenant d'Est en Ouest sans parvenir à se stabiliser. Il y a dix ans seulement, on s'inquiétait de voir le cœur du Monde se déplacer vers le Pacifique, mais aujourd'hui, c'est vers l'Ouest, européen et africain que se portent les regards de la Chine qui, dédaignée en Asie, engloutit des dizaines de milliards dans un projet confus « *One belt, one road* » qui dessinerait de nouvelles routes de la soie. L'Europe, qui pourrait se voir de nouveau désirée, n'est pas pour autant disposée à donner son consentement. Doit-elle s'allier avec les Etats-Unis pour contrer le mercantilisme chinois, ou s'allier avec la Chine pour défendre un multilatéralisme mis à mal par les Etats-Unis ?

Les effets de la mondialisation, comme de l'Union européenne d'ailleurs, ne sont pas symétriques. Il est plus facile de ne pas y entrer que d'en sortir. Une fois à l'intérieur, des irréversibilités se créent. C'est bien ce que les *Brexiters* avaient négligé et c'est aussi ce que Donald Trump a sous-estimé. Le Monde a investi dans des réseaux qui ont permis d'approfondir et de fragmenter les chaines de valeurs quitte à oublier les machines, les compétences et le savoir-faire dans certaines tâches confiées à une main d'œuvre moins chère. Revenir sur ces spécialisations serait long et coûteux et se heurterait vite, dans la plupart des pays industriels, à la contrainte du plein emploi. Si cette politique régressive ne peut aller très loin, elle risque néanmoins de déclencher des tempêtes.

On peut déplorer les excès du libre-échange et en condamner la brutalité. Mais le retour au protectionnisme serait plus violent encore ; elle ajouterait de nouveaux perdants sans soulager les anciens. Car beaucoup avaient vu leur situation de stabiliser et s'améliorer dans les secteurs qui avaient profité de la restructuration des chaînes mondiales de valeur, des entreprises digitales aux services à forte valeur ajoutée, en passant par les composants électroniques et même certains segments de l'industrie automobile. Faut-il pour autant poursuivre la voie de la libéralisation des échanges ?

On sait depuis longtemps que les gains du commerce décroissent au fur et à mesure que l'économie s'ouvre. Il existe au moins deux raisons à cela. La première est qu'une partie des gains est « statique » c'est-à-dire que si l'ouverture augmente la production, c'est un *one shot*. Une fois les ajustements réalisés, ce qui peut prendre quelques années, le gain ne se renouvelle pas. Quand le PIB est passé de 100 à 105 grâce à la baisse des tarifs, il restera à 105 si rien d'autre ne change. La seconde raison est mathématique. Les gains sont exponentiels : si supprimer un tarif de 20% provoque un gain de 5, supprimer un tarif de la moitié, 10% ne procurera pas un gain de 2,5 mais de beaucoup moins. L'étonnement récent d'économistes du FMI constatant que les gains de la mondialisation seraient d'autant plus faibles que la mondialisation du pays est déjà bien engagée est un étonnement en soi[69] !

Dès lors, prêter un regard sceptique et critique aux initiatives en cours ou à venir est une sage précaution. Dans un Monde très ouvert, comme celui d'aujourd'hui, le gain économique de nouvelles ouvertures commerciales apparaît en effet dérisoire par rapport à un coût politique qui est croissant puisque les « perdants » d'aujourd'hui s'ajouteront aux « perdants » de demain en amplifiant l'anxiété de tous ceux qui, à tort ou à raison, se vivent comme menacés. Comme nous l'avons vu, les traités commerciaux entre pays déjà ouverts frisent l'absurde car au lieu d'ouvrir les frontières à l'échange, les règles d'origine créent d'autres barrières plus dissuasives encore que les droits de douane qu'on entend supprimer.

La priorité doit maintenant être donnée à la reconstruction du système multilatéral, revoir son fonctionnement et ses priorités. Le multilatéralisme introduit en effet une touche de fédéralisme mondial qui, dans la vision triangulaire d'un Rodrik, permet de contenir l'hyper-mondialisation et de limiter les abandons de souveraineté. Cette refondation doit se faire avec les Etats-Unis, mais aussi sans eux s'ils n'adhèrent pas à cette volonté.

L'Europe doit-elle-même faire son introspection. Elle restera certes tentée d'aborder de nouveaux sujets qui répondent soit aux lobbies des producteurs et des firmes multinationales soit aux groupes de pression issus de la société civile. Mais les thèmes concernés -normes, données, investissements directs, droit des travailleurs, environnement, fiscalité, nomadisme financier, etc.- ont davantage vocation à être négociés au niveau multilatéral, voire plurilatéral, qu'au niveau bilatéral. Face aux menaces de protectionnisme, l'Union Européenne pourrait néanmoins considérer aussi que des accords commerciaux consolident et sécurisent les échanges. L'argument est évidemment à considérer même si la renégociation de l'ALENA, imposée par les Etats-Unis, vient de démontrer l'inverse.

La mondialisation financière a été trop loin et n'a pas trouvé sa propre régulation. La mobilité des capitaux n'est pas un mal en soi puisqu'elle permet d'affecter plus efficacement les ressources d'épargne. Mais elle alimente la spéculation, accroit le risque global, génère l'instabilité que ni les Banques centrales ni les institutions spécialisées ne peuvent être assurées de maitriser.

La volatilité des monnaies n'est que la conséquence de cette spéculation capricieuse. Les taux de change ne sont pas déterminés par les flux commerciaux, mais par les flux financiers. Erratiques, ils suscitent des crises de change qui alimentent les tensions commerciales. La dépréciation de 10% d'une monnaie par rapport à celle de ses partenaires n'équivaut-elle pas à un droit de douane de 10% couplée d'une subvention à l'exportation d'un même taux ?

Les Etats-Unis abusent du monopole dont dispose encore le dollar sur les systèmes de paiement internationaux. Il autorise une extra-territorialité qui s'ingère dans la politique étrangère des autres États, contraints d'appliquer les mêmes sanctions économiques sauf à voir sanctionner leurs entreprises qui auraient commis le crime d'utiliser la monnaie américaine dans leurs transactions. Il est à espérer que ce pouvoir exorbitant conduise l'Union, seule ou avec d'autres, à développer des initiatives qui reposeraient sur des systèmes de compensation et une plus grande internationalisation de l'euro.

L'économie mondiale accumule les transitions : transitions digitales, énergétiques, démographiques, climatiques, etc. La mondialisation commerciale a profondément modifié les structures de production, accélérée la désindustrialisation au Nord mais aussi le développement au Sud. C'est beaucoup et certainement pas sans responsabilité dans la montée des populismes. Les mécanismes et les conséquences sont toujours les mêmes : destruction d'emplois ici, création d'emplois ailleurs. Quelle sera la nature du solde ? Contrairement à l'idée reçue, la mondialisation a certainement créé plus d'emplois qu'elle n'en a détruit ne serait-ce qu'en dopant la croissance mondiale. Mais ce n'est pas suffisant. Les emplois peu qualifiés resteront plus vulnérables et les transitions favoriseront toujours le travail qualifié. Et ce décalage contribue à nourrir le populisme.

Favoriser la mobilité et adapter la formation sont des politiques indispensables. Elles ne suffiront pas car elles ne sont pas audibles aux travailleurs attachés à leur région, ou trop âgés pour subir une reconversion qui les effraie. Les transitions devront donc accompagner les territoires pour les faire bénéficier de la « nouvelle économie » par des politiques d'aménagement, d'attractivité, de défiscalisation (zones-franches) autour de nouvelles spécialités.

Les politiques de compensation souvent implicites comme les indemnités de chômage ou les aides sociales sont délétères. Elles humilient les bénéficiaires et en plongent certains dans une trappe à assistance ou à précarité. En même temps, elles suscitent les frustrations de ceux qui n'en bénéficient pas. Le « c'est toujours pour les mêmes… » aussi fantasmé soit-il, n'exerce pas moins un effet dévastateur. Rendre les soutiens plus simples et plus transparents est un impératif mais qui n'échappera pas à une réflexion sur le revenu universel qui entre autres avantages permet d'éviter des effets de seuil dévastateurs qui pénalisent les « pas assez pauvres » c'est-à-dire les classes moyennes.

Doit-on pourtant ignorer que les innovations technologiques, la transition numérique et environnementale exerceront des effets de « destruction créatrice » bien supérieurs et sans doute plus anxiogènes encore que la mondialisation ? En France, le mouvement des « gilets jaunes » est né d'un refus des modalités fiscales de la transition énergétique. Mais qui voudrait ou pourrait arrêter ces révolutions technologiques ? Osons même aller jusqu'au bout du raisonnement pour s'avouer que demain, la transition climatique, exigera des choix qui se heurteront aux mêmes questions et affronteront les mêmes risques que la mondialisation et le progrès technique : comment faire pour que cet impératif ne laisse pas dans le fossé les travailleurs déclassés qui sinon tendront la main au premier bonimenteur venu ? C'est bien d'ailleurs un des enseignements de l'élection de Trump, grand promoteur d'emplois dans l'exploitation du gaz et du pétrole de schiste. Dénoncer les lobbies ne suffira pas. La transition climatique aussi vitale soit-elle, ne se réalisera que si des réponses crédibles sont apportés aux perdants de demain, des travailleurs du nucléaire aux ouvriers de l'automobile en passant par les agriculteurs inquiets des normes coûteuses qui pourraient leur être imposées.

« Le progrès et la catastrophe sont l'avers et le revers d'une même médaille », (Hannah Arendt).

Notes

---

[11] General Agreement on Tariffs and Trade ou Accord Général sur les tarifs et le Commerce mis en place en 1948.

[2] Ainsi le traité de Tordesillas, signé le 7 juin 1494 institue une ligne de partage du Monde entre l'influence portugaise et espagnole et qui passe à l'ouest des Açores.

[3] Douglas A. Irwin, «The GATT in Historical Perspective », *American Economic Review*, may 1995.

[4] In Jean Jaurès, « Socialisme et paysans, discours prononcés à la Chambre des députés les 19, 26 juin et 3 juillet 1897. »

[5] Paul Bairoch n'hésite pas à parler de "mythe » en ce qui concerne le libre-échange au XIX° siècle. Dans « *Mythes et paradoxes de l'histoire économique* », Paris, Éditions La Découverte, 1994.

[6] Paul Bairoch, op. cit. et Kevin H. O'Rourke, « Tariffs and Growth in the Late 19th Century », *Economic Journal*, April 2000.

[7] Richard Baldwin & Philippe Martin, « Two waves of Globalization, superficial similarities, fundamental Differences », *NBER working paper*, January 1999

[8] Les deux "guerres de l'opium » (1840-42 et 1856-1860) opposaient l'Angleterre, à laquelle s'adjoindra la France, à la Chine pour forcer l'ouverture du marché chinois aux produits de leur Empire colonial et, notamment à l'opium. Ces guerres aboutiront à l'ouverture de 5 ports chinois, la cession de Hong Kong et l'abaissement des tarifs douaniers chinois (Traité de Nankin de 1842). Les « concessions » plaçaient les quartiers résidentiels des ports sous l'administration des communautés étrangères.

[9] Son pamphlet et témoignage « *Les conséquences économiques de la paix* » sera vendu à des centaines de milliers d'exemplaires et traduit dans plusieurs langues. Il lui vaudra d'être pressenti pour le prix Nobel de la paix.

[10] Il était apparu dès 1946 que Harry Dexter White s'était compromis avec des agents d'influence de l'URSS ce qui l'empêchera de prendre la Direction du FMI qui lui était dévolue. Voir : theconversation.com/john-maynard-keynes-et-le-cercle-des-espions-97215

[11] Roy Santana, « 70th anniversary of the GATT: Stalin, the Marshall Plan, and the provisional application of the GATT 1947 », *Journal of Trade Law and Development*, 2017.

[12] Paul Kennedy, *Naissance et déclin des grandes puissances*, Paris, Payot, 1989. De son côté,

l'essayiste Alain Minc prévoyait une "Finlandisation » de l'Europe, c'est-à-dire sa neutralisation voire sa soumission à l'Union soviétique ; *Le syndrome Finlandais*, Paris, Le Seuil, 1986

[13] Voir : ftz.dauphine.fr

[14] FATF -GAFI, « Money Laundering vulnerabilities of Free Trade Zones », OECD, Paris, 2010.

[15] Jason Dedrick, Henneth L. Kraemer & Greg Linden, « The distribution of value in the mobile phone supply chain ». *Telecommunications Policy*, 35(6), 2011

[16] OMC & IDE-Jetro, « Trade patterns and global value chains in East Asia », Genève, 2011

[17] Voir https://theconversation.com/les-traites-commerciaux-favorisent-ils-le-commerce-mondial-70983

[18] Les six pays fondateurs (France, Allemagne, Italie, Belgique, Luxembourg et Pays-Bas) et le Royaume-Uni, le Danemark, l'Irlande, la Grèce, l'Espagne et le Portugal.

[19] Ainsi que l'établissement des règles de concurrence nécessaires au fonctionnement du marché intérieur, la politique monétaire pour les pays de l'euro, la conservation des ressources biologiques de la mer dans le cadre de la politique commune de la pêche.

[20] Article VI du GATT et Accord antidumping de 1994

[21] Article VI et Accord sur les subventions et mesures compensatoires.

[22] Article XIX du GATT et Accord sur les sauvegardes.

[23] Article XVI du GATT et Accord sur les subventions et mesures compensatoires

[24] John Ruggie, « International Regimes, Transactions, and Change: Embedded Liberalism in the Postwar Economic Order. » *International Organization,* 1982.

[25] Voir notre article : « Haro sur le multilatéralisme. Les guerres commerciales de Donald Trump », *Politique étrangère*, 4-2018.

[26] Dans un traité de libre-échange le commerce entre les participants est exonéré de droits de douane, mais chacun peut fixer ses propres tarifs à l'égard des pays tiers ; dans une union douanière **les membres appliquent un tarif douanier extérieur commun.**

[27] Royaume-Uni, Danemark, Norvège, Suisse, Portugal, Autriche et Suède. L'Islande la rejoint en 1970, la Finlande en 1986 et le Liechtenstein en 1991. Beaucoup de ces pays ayant depuis adhéré à l'Union Européenne, ils ne sont plus que quatre dans l'AELE :

Norvège, Islande, Liechtenstein et Suisse. Seul ce dernier pays n'est pas membre de l'Espace Économique Européen (EEE) qui est un Marché commun (libre circulation des biens, des services, des personnes et du capital)

[28] Richard Baldwin &, Dani Jaimovich D., « Are Free Trade Agreements contagious? », *Journal of International Economics*, 2012.

[29] Jagdish Bhagwati, « Regionalism versus Multilateralism », *The World Economy*, 1992. Voir également Jean-Marc Siroën, « *La régionalisation de l'économie mondiale* », Paris, La Découverte, 2004.

[30] Un accord avec les Etats-Unis visait de cette façon à compenser le « préjudice » subi du fait de la politique agricole commune (PAC) européenne.

[31] Anne Krueger, « Free Trade Agreements Versus Customs Unions », *Journal of Development Economics*, 1997.

[32] Rebaptisé Accord Canada–États-Unis–Mexique (ACEUM)

[33] Le nouvel ALENA introduit une exigence inédite : que 40% à 45% de la valeur du véhicule soient produits par des salariés payés au moins 16 dollars de l'heure En France, le SMIC brut était en 2018 de 9,88 euros soit environ 11,5 dollars !

[34] Le cumul bilatéral permet de tenir compte de la valeur produite dans la zone. Il est le plus fréquent. Dans certains traités, un cumul diagonal peut tenir compte de la valeur créée dans les territoires liés à un traité de libre-échange avec le pays importateur (dans l'exemple, ce pourrait être le cas avec le Mexique si les accords prévoyaient une telle disposition). L'accord CETA avec le Canada détermine néanmoins les conditions pour qu'en cas de traité de libre-échange entre les Etats-Unis et l'UE un tel cumul soit appliqué ce qui devrait alors impliquer l'harmonisation des règles d'origine.

[35] Voir le chapitre L'Europe commerciale

[36] Notamment, OMC, Desta

[37] Jaime Ahcar & Jean-Marc Siroën, Deep Integration: Considering the Heterogeneity of Free Trade Agreements, *Journal of Economic Integration,* 2017.

[38] Voir l'intéressant article de Dani Rodrik, « What Do Trade Agreements Really Do? », *Journal of Economic Perspectives*, Spring 2018.

[39] Accord économique et commercial global (AEGC)

[40] La ratification peut également se faire par référendum mais cette procédure n'a jamais été appliquée.

[41] Document COM (2017) 493 final du 13 septembre 2017 de la Commission Européenne.

[42] États-Unis, Canada, Mexique, Chili, Pérou, Japon, Malaisie, Vietnam, Singapour, Brunei, Australie et Nouvelle-Zélande

[43] En Anglais Comprehensive and Progressive Agreement for Trans-Pacific Partnership (CPTPP)

[44] Article 23 de l'Accord sur les Règles et Procédures Régissant le Règlement des Différends.

[45] Un bien est non rival quand son usage par une personne ou un pays n'entraîne aucune réduction de son usage pour les autres. Il est non-exclusif quand il est impossible ou extrêmement couteux d'exclure quiconque de son usage.

[46] Christoph Lakner & Branko Milanovic, « Global income distribution: from the fall of the Berlin Wall to the Great Recession », *World Bank Economic Review*, 2015.

[47] Stolper et Samuelson raisonnaient sur deux facteurs de production - travail et capital - qui ne se déplaceraient pas significativement entre pays. La mobilité du capital conduit aujourd'hui à privilégier l'opposition travail non qualifié-travail qualifié ce qui pose évidemment la question des définitions et des effets de seuils : quand passe-t-on du statut de non qualifié à celui de qualifié ?

[48] Adrian Wood, « North-South Trade, Employment and Inequality, Changing Fortunes in a Skill-Driven World », Clarendon Press, 1995.

[49] J'avais exprimé mes inquiétudes sur l'adhésion de la Chine à l'OMC dans « Faut-il laisser la Chine entrer dans l'OMC ? », *Critique Internationale*, Fondation Nationale des Sciences Politiques, n°7, avril 2000

[50] David H. Autor, David. Dorn, and Gordon H. Hanson, « The China Syndrome: Local Labor Market Effects of Import Competition in the United States », *American Economic Review*, 2013 et "The China Shock: Learning from Labor Market Adjustment to Large Changes in Trade," *Annual Review of Economics*, 2016.

[51] Clément Malgouyres, « The impact of Chinese import competition on the local structure of employment and wages: evidence from France », *Journal of Regional Science*, 2017.

[52] Carlotta Balestra & Richard Tonkin (2018), « Inequalities in household wealth across OECD countries: Evidence from the OECD Wealth Distribution Database », *OECD Statistics Working Papers*, 2018/01, OECD, Paris.

[53] Carmen M. Reinhart & Kenneth S. Rogoff, « This Time is Different: Eight-Centuries of Financial Folly, Princeton », NJ, *Princeton University Press*, 2009

[54] Davide Furceri, Prakash Loungani & Jonathan D. Ostry, « The Aggregate and Distributional Effects of Financial Globalization: Evidence from Macro and Sectoral Data », *IMF Working Paper*, April 2018

[55] Ainsi, la société mère de Google, Alphabet, est une "boîte aux lettres » dont le siège social est situé dans le Delaware.

[56] L'OCDE définit le paradis fiscal à partir de quatre critères : impôts inexistants ou insignifiants, absence de transparence sur le régime fiscal, législation empêchant l'échange d'informations avec les autres États, tolérance envers les sociétés écrans ayant une activité fictive.

[57] Enquête trisannuelle de la Banque des Règlements Internationaux (BRI)

[58] Hannah Arendt, « *La Nature du totalitarisme* », Paris, Payot, 1990.

[59] Dani Rodrik, « How Far Will International Economic Integration Go? », *Journal of Economic Perspectives*, n° 1, 2000; Voir l'article plus récent du même auteur « Populism and the economics of globalization », *Journal of International Business Policy*, 2018.

[60] D'après la Banque mondiale et sur le critère de 1,90 dollars par jour et par personne.

[61] *Libération*, 9 juillet 2018

[62] *Le Monde*, 9 juillet 2018

[63] D'après *Rapport sur les inégalités Mondiales 2018* publié par le World Inequality Lab et la base de données associée (WID).

[64] George J. Borjas, « Native Internal Migration and the Labor Market Impact of Immigration », *Journal of Human Resources*, 2006.

[65] Anthony Edo, « The Impact of Immigration on Native Wages and Employment », *CES Working Paper*, 2013.

[66] Anthony Edo & Farid Toubal, « Selective Migration Policies and Wages Inequality », *Review of International Economics,* 2014.

[67] D'ailleurs, l'immigration de travailleurs pauvres accroit mécaniquement les indicateurs d'inégalité (part dans le revenu des plus pauvres, Gini, …) ce qui une fois de plus, montre qu'il faut toujours se garder des statistiques…

[68] Lire l'interview de Hippolyte d'Albis « De l'effet bénéfique des migrations sur l'économie", *Le Journal du CNRS*, 20/06/2018

[69] Valentin F. Lang & Marina M. Tavares « The Distribution of Gains from Globalization », *IMF Working Paper*, March 2018

www.ingramcontent.com/pod-product-compliance
Lightning Source LLC
Chambersburg PA
CBHW071303220526
45468CB00001B/248